海外新媒体观察丛书

THE NEW EVOLUTION OF MEDIA

媒体新进化

李青 著

南方日報出版社
NANFANG DAILY PRESS
中国·广州

图书在版编目（CIP）数据

媒体新进化 / 李青著. — 广州 ：南方日报出版社，2015.2
ISBN 978-7-5491-1231-9

Ⅰ. ①媒… Ⅱ. ①李… Ⅲ. ①传播媒介－产业发展－研究－世界 Ⅳ. ①G219.1

中国版本图书馆 CIP 数据核字(2015)第 029543 号

MEITI XINJINHUA
媒体新进化

著　　者：李青
出版发行：南方日报出版社
地　　址：广州市广州大道中 289 号
责任编辑：刘志一　郑颖
装帧设计：肖晓文
责任技编：王兰
责任校对：王燕
经　　销：全国新华书店
印　　刷：广州市怡升印刷有限公司
开　　本：889mm×1194mm　1/16
印　　张：15.5
字　　数：180 千字
版　　次：2015 年 2 月第 1 版
印　　次：2015 年 2 月第 1 次印刷
定　　价：35.00 元

投稿热线：（020）87373998-8503　读者热线：（020）87373998-8502

网址：http://www.nanfangdaily.com.cn/press　http://www.southcn.com/ebook

序 一

接过李青的书稿正在细读时，刚好中央全面深化改革领导小组第四次会议审议通过的《关于推动传统媒体和新兴媒体融合发展的指导意见》发表了。因此，《媒体新进化》一书算是赶上了时代的新潮流。

媒体不是留给自己自我欣赏，其传播的内容和传播的途径需得到受众的认可。媒体之所以要进化，不是媒体人主观想象出来的，是时代潮流下的大势所趋。当大量受众的媒介习惯已从传统媒体转向新媒体时，传统媒体还不审时度势向新媒体融合转型，就会被受众所抛弃。从国家打造舆论高地的角度来看，传统媒体融合新媒体转型也势在必行。国家高层高度关注话语权掌握在谁手上，如果介入新媒体领域不及时、不得法，话语权将丢失。因此，媒体进化与重构不仅是媒体业界必须进行的一项重要工作，也是中央在舆论阵地领域的重要战略部署。中央全面深化改革领导小组第四次会议审议通过《关于推动传统媒体和新兴媒体融合发展的指导意见》，就彰显了国家高层重视通过媒体融合发展，重构媒体市场格局的决心。

媒体融合已说了几年，不少媒体都进行过积极尝试和推进，取得一定成效，但从总体上说成效不显著。这不仅是实践的问题，理论前沿的研究也还不够。因此，继续在实践中探索，并进行理论上的提升非常重要。当我听到李青正在研究这方面的课题时，作为同行自然高兴。从她的经历来看，她完全有能力去研究并发表真知灼见。她曾在暨南大学攻读电视新闻方向的硕士研究生，并取得了学位。参加工作后，在羊城晚报经济部、国际新闻部、要闻部、深度新闻部等不同岗位从事采编工作。2013年5月至2014年7月，又到加拿大康考迪亚大学进修。其出国进修的动因之一，也正是想考究外媒这些年来的发展变化。因此，她在出国期间一方面阅读了国外关于媒介融合的大量论文和书籍，另一方面到一些媒体、研究机构进行了调研。在这基础上进行深沉的思考，写出了《媒介新进化》一书。

这本书开宗明义提出传统媒体的共同焦虑，然后叙述了网络的真面目、透析了美国报业的网络沉浮，继而提出探索中的商业模式，并对传统媒体的未来进行了展望。我们从这本书中可以看到一些较好的观点。书中谈到，新旧媒体今日版图的缔造者是传播环境的变化——网络环境下，信息的流动从以往的单极流动转化为多极间的相互流动。一方面，这带来传统媒体守门人角色的坍塌，它们不再是唯一的议程设置者，这成为传统媒体溃败的根本原因；另一方面，信息的多极流动解决了印刷媒体时代的信息获取难题，进而带来信息的泛滥。这本书在列举了信息泛滥的情况之后，分析了为什么谷歌等会成功。这是因为信息过滥客观上要求存在某种工具为人们过滤，这成为谷歌搜索引擎成功的逻辑基础。在这个逻辑基础之上，谷歌延伸出关键词广告、竞价排名等具体的商业模式。这成为以谷歌为代表的搜索引擎的基本成功路径。作者的这一分析是有道理的。接着，作者就传统媒体与新媒体传播的不同区别，从信息传播的角度入手，强调网络的真实面目是一个信息交流的平台。传统媒体在真实世界的传播通过“内容守门”呈现，而网络世界的信息传播则通过各种“对话”实现。“对话”传播与传统的“守门”传播最大的不同在于——互动。因此，作者提出，传统媒体在真实世界中“内容为王”的思路需要调整。在网络环境中，用户对于互动的需求甚至会超越内容。

由于作者在国外学习考察了近一年，因此有机会认真梳理了美国报业从1980年代以来在新媒体领域的诸多尝试。这本书所展示的尝试有经验也有教训，而且与国内媒体正在进行的新媒体摸索有着很高的相似度，其中诸多经验教训值得我们重视。比如，书中通过美国第二大报业集团奈特·瑞德倒闭的案例介绍提醒我们：媒体在摸索商业模式的同时，要注意网络对于外部经济世界游戏规则的改变。

当前国内传统媒体在融合新媒体的转型中的一个大困境就是市场模式、赢利模式不清晰的问题。这本书比较系统地梳理了目前国外媒体在商业模式上探寻的几种方式。这包括传统的基于内容和基于广告的盈利模式，以及众包、公众津贴、自媒体与公众新闻等新兴模式。当然，书中所谈的这些模式目前也并非已有重大的市场效益，但其提示的一种思路还是很有价值的。

《媒体新进化》这本书最终得出给人信心的结论：媒体业也许正在历史性地步入低潮，但是媒体业的春天就在下一个转角等待我们。在整个媒体行业为广告下滑，以及各种负面评价包围的大环境下，这一结论不只是提振人心的口号，更是现实以及过往历史昭示的种种合理的可能。

在新闻传播领域，长期以来学界重视理论探究，而欠缺实践经验和实地观察；业界重视实践，但研究气氛不浓。暨南大学新闻与传播学院组织出版的“海外新媒体观察丛书”，就是希望在传媒转型和媒介融合的大背景下，为学界和业界搭建思想和经验融合互联的平台。认真汲取这些来自海外的宝贵经验，不仅有利于学院新媒体专业的建设和人才培养，对于转型中的业界也可提供有益的借鉴。期待更多的业界人士能投入新媒体的研究，将实践中的认识上升到理论高度，以推动媒体更好地融合转型。

范以锦

（暨南大学新闻与传播学院院长、教授，曾任南方日报社社长、总编辑，南方报业传媒集团董事长）

序 二

身为一名新闻从业人员，在日常繁忙的工作之余，我每天总是在思考一个问题：随着网络技术的飞速发展，数字化的进步，移动智能终端的普及，传统媒体和新媒体融合之路该怎么走？传统媒体还有没有明天？

尽管自己在传统媒体工作多年，谈不上什么成就，但是，对媒体行业，对自己所从事的媒体，我还是十分有感情的，毕竟在这里倾注了我的青春和热情，我的每一步成长经历，都是自己所在的这张传统报纸所给予的。

如今数字技术的进步，移动互联网的快速发展，开始对整个社会的方方面面产生了影响，这当然也包括了对以报纸、广播、电视为代表的传统媒体产生了巨大冲击。我们庆幸我们遇上了一个社会大变革的时代！一个媒体大变革的时代！这个可以媲美蒸汽机发明的互联网时代，可以预见，将会对社会生活产生翻天覆地的变化，我们每一个社会人都会感受到这种冲击变化，更何况是我们这些传统媒体的从业人员了。

毫无疑问，传统媒体目前正在经受着新媒体巨大的冲击，2014年对于中国的传统媒体来说，更是一个值得记住的年份，冬天来了，媒体关门了。报纸的广告、发行在下跌，广播、电视的收视在下降，杂志的生存空间更加狭窄……

我并不认可传统媒体必将死亡的论点，并且总是以自己所在的《羊城晚报》这几年的实践以及正在上升的广告、发行趋势告诉同行：不要被眼前短暂的变化，改变我们几十年来形成的判断力，传统媒体的未来仍然是光明的。我们当前最大的问题，只是传统媒体几十年来缺乏变化，缺乏脱胎换骨式的革新。让我们回头看看，几十年来，我们的新闻采写、编辑、播发，我们的新闻传播方式，我们的广告刊发手法，我们的发行渠道，几乎是一成不变或者是变化不大的。

直到互联网这头怪兽出现后，传统媒体才感觉到了生存危机。其实，危机过去早已存在，传统媒体因其日子好过而没有意识到危机的存在罢了。

如今传统媒体只有在互联网数字化的大时代彻底变革，壮士断臂，才能成为浴火重生的凤凰。在互联网的大潮中，传统媒体将失去的，只是我们肌体上那些不能适应社会变化的陈旧死皮，而我们得到的将会是重生的本领。但是，我的观点支持的人看起来并不多。我想，是我的判断不准确还是我过于乐观了，还是我没有跟上时代进步的步伐?

近日，羊城晚报记者李青来找我，拿着一本打印的书稿给我：这是我去加拿大进修一年的作业！当我细细地品读书稿时，着实让我大吃了一惊！

李青是一位善于思考的记者，她带着在传统媒体工作中遇到的问题，通过一年的进修学习努力去探寻答案。在这本书稿中，她通过自己的研究和观察，认为传统媒体的春天来了！“新闻业新一轮的繁荣年代正在到来。在网络这种新技术为各行各业带来的时代迷雾中，新闻业绝不可能是一艘将要沉没的大船。它行驶于迷雾，正在寻找方向，但它却是网络世界中最不可能沉没的大船”（见《媒体新进化》前言）。传统媒体不是正在走向衰亡，而是迎来了一个大变革的时代，因此，她坚定地对我说，还是要重回到传统媒体来，要亲身经历这一个伟大的变革。她的这份执着，在当下传统媒体人一片哀鸿声中，确实令人钦佩!

李青在书稿中从三个方面分析认为媒体业的春天在前方：一、面对互联网带来的信息泛滥，对于媒体来说，在网络中结合自己的特长，提供“媒体型”的信息解决方案是一个大的方向。二、回顾历史，目前网络世界呈现的信息自由流动非常类似于历史上的自由新闻年代，为了解决自由新闻年代出现的问题，20世纪初，西方自由新闻年代开始向社会责任年代转变。因此，在网络自由年代之后将会出现由精英群体把关的网络社会责任年代，媒体人从传统的社会“守门人”向网络新型“守门人”演变。三、在现实生活中，谷歌、百度等商业门户已经成为现实网络中的滤镜、“守门人”。但是这些门户的商业血统意味着人们需要公众功能的滤镜去平衡商业利益的过滤。这又再次印证了媒体可能存在的光明未来。

值得欣喜的是，本书作者通过研究对比提出了自已的观点，比如，“今日传统媒体的危机不是新闻危机，而是推动新闻的资金危机，即盈利模式的危机”。网络环境下的广告与传统媒体相比，不仅广告的呈现形式不同，广告的内核、投放、传播、量化等均已经产生巨变。这些改变不仅在很大程度上解读了传统媒体原有广告盈利模式失败的原因，同时也对中国传统媒体寻找新的盈利模式带来启发等等。

本书稿较为系统地梳理了美国报业从1980年代以来，在新媒体领域的许多尝试，其中许多经验教训与国内媒体正在进行的新媒体探索有着很高的相似性，比如200多家美国报纸联手在1995年打造的新世纪网络（NCN），这一度被认为是美国报业在网络时代最成功的创举，它的创建及失败是美国报业发展中一个里程碑式的事件。比如美国报业对于纸质报与电子版的纠结，比如将文字记者、电视记者、广播记者合于一体的“坦帕模式”，比如始于2000年代的美国新闻界整合浪潮等等。

应该说美国新闻同行面对网络数字化而进行的这些改革与调整，无论其成功与否，都对我们的传统媒体改革有很大的借鉴意义。其实，我们现在正在做的一些事情，十多年前已经有人在做了，我们现在最应该做的，就是细细地研究别人的经验与教训。当然，时代不同了，任何改革都离不开特定的历史环境与条件。就算是美国同行进行的应对新媒体的改革，在当时的条件下是失败了，但是，如果放到今天或许会有成功的机会。这也就是这本书值得关注的地方。

在当下媒体最为关注的商业模式上，本书比较系统地梳理、介绍了目前国外媒体在商业模式上探寻的几种方式，包括传统的基于内容和广告的盈利模式，以及众包、公众津贴、自媒体与公民新闻等新兴模式。其中的一些个案研究及介绍，对今天正在摸索商业模式、探寻媒体融合的中国媒体业有一定的借鉴意义。

尽管书中的一些观点仍然缺乏有力的新闻实践支撑，一些观点还有待新闻实践来检验，一些介绍还是略显单薄。但是，这仍然是一本值得推荐值得阅读的好书，一本令人读后思索的好书！

刘海陵

（羊城晚报报业集团党委副书记、管委会常务副主任，羊城晚报社总编辑）

前 言

2013年夏天，深惑于传统媒体困境的我，暂时告别工作岗位，前往加拿大蒙特利尔游学。在这一年间，国内传统媒体下滑得远较我想象中更快、更凌厉。典型的个案如上海新闻集团旗下《新闻周刊》的休刊。

随着网络进入我们日常生活二十多年，传统媒体在过去十年间开始比较明显地进入下降通道。这种下降首先体现在广告、发行的下滑。其次不可避免地是从业者的流失和生存环境恶化。

用灰色的天空来形容当下国内国外的传统媒体大环境并不为过。这种灰色的基调，跨越国界，共同笼罩着中外传统媒体；这种灰色的基调不仅仅因为广告、发行的不给力，以及从业者素质的走低，更重要的是，不论是行业内部还是行业外部，人们还无法看到下一个晴天。

剑一般的忧虑悬于心头——这是不是一艘行将覆灭的大船？网络数字技术会否成为报纸、电视、广播等传统媒体的终结杀手？而一旦媒体的种种传统存在形式不再，新闻会否存在，又将以何种形式存在？

寻找答案以前，本书尝试反省和寻找传统媒体颓败的根由。

网络是一切罪恶的根源。当网络技术越来越深入人们生活，传统媒体曾经拥有的旧世界便离他们越来越远。在旧世界，传统媒体的力量源于其承担的“守门人”角色——信息通过传统媒体的“把关”，单极流向受众。然而，网络带来信息双向，以至多向流动的新世界，从根本上否定了信息的单极流动，也便本质颠覆了传统媒体的“守门人”角色。

传统媒体“守门人”角色的覆灭是他们颓败的根由。

这同时也是谷歌、百度等新媒体成功的所在。

当旧世界的“守门人”被渐渐埋葬，无法否认的是，以谷歌、百度等为代表的新媒体正在不断上升，成长为网络世界的新型“守门人”。

当人们从旧世界的信息匮乏步入新世界的信息超载时，他们面临着新的问题——选择太多。主观上，人们需要某种工具或方法带他们走出信息的洪流。以谷歌为代表的新媒体通过“搜索”这种技术手段，帮助人们过滤掉大量的无用信息，成为事实上的信息“守门人”。

和百年前的印刷媒体通过平面广告寻找到可资持续的商业模式一样，在这个过程中，譬如谷歌之类的新媒体也曾在财务的泥淖中经历过痛苦挣扎，它们最终通过搜索引擎广告寻找到成功的商业模式，为这个逻辑的成功画上句号。

上述新旧媒体情势的转换给我们带来启发：

其一，不论是传统媒体的颓败抑或是新媒体的成功，本质上皆是传播环境的变革产物。当网络从1.0时代过渡到2.0时代，走向3.0时代时，技术正在给传播环境带来巨变。这种变化是导致传统媒体和新媒体今日版图的根源。

恐惧源于未知。对于传统媒体来说，厘清网络的真实面目是它们拥抱新世界迈出的第一步。本书试图从传播学的角度以及实证的角度剖析信息在网络世界的流动特点，为传统媒体寻找网络世界其他可能的成功逻辑提供参考。

其二，“守门人”角色正在面临时代进化。

在网络造成的信息洪流世界，信息传播某种意义上正在回归到“新闻”出现以前的史前蛮荒。这意味着，网络世界中，“新闻”的工具本性正在回归——新闻业作为系统社会生产新闻的工具，其优化新闻传播效用的工具属性正在回归。于传统媒体而言，他们需要寻找新环境下，实现信息传播效用最大化的方法。

另一角度，现阶段网络的自由信息世界某种程度上类似于历史上的

“自由新闻年代”。回顾历史，我们发现，如古典经济学理论假设消费者充分理性并充分掌握各种信息一样，自由新闻理论假设公众有能力、有机会以及有动力积极参与到各项公众和文化论坛中来。但是，只要考虑到公众素质的参差以及参与意愿的强弱，就会明白这显然只是美好的愿景。因此，在自由新闻年代之后，新闻的社会责任年代开始产生，由此出现以报纸等为主力的“守门人”。

如过往历史昭示的那样，在现阶段网络呈现的自由观念市场之下，由于信息泛滥等原因，民众对于“守门”的需要在某种程度上将比以往更为强烈。从这个角度看，这意味着“守门人”角色的新一轮时代进化。

其三，新一轮“守门人”角色的时代进化存在诸多可能。

分析谷歌的成功，可以发现，其商业逻辑是通过搜索引擎，提供技术上的信息优化（比如，人们通过关键词搜索，从纷繁的信息中直接命中目标），然后从中发掘盈利模式（搜索引擎广告）。因此，本质上，谷歌的成功在于提出了优化信息传播的技术方案。在技术之外，其他可能正在冒头。比如Craigslist将房产、招聘、交友、美食等各种信息通过免费发布平台整合在一起，以信息的实用，给出优化信息传播效用的实用性方案。

谷歌、Craigslist的成功激励着传统媒体：作为专业性新闻采集机构，传统媒体需要在技术和实用以外寻找到其他的崭新角度，以优化信息传播的效用。从这个角度看，传统媒体在网络时代对于优化信息传播效用的解答方案，正在令这个行业重新回归到新闻的历史使命。它不仅仅是新闻业对于自身使命的求解，同时也是新闻业新型商业模式的根本所在。

其四，谷歌等新媒体的成功同时为传统媒体注入信心。

迄今为止，网络时代的技术已经在媒体世界创造出成功的商业故事，如谷歌、百度等。但是，这些故事的血统无他，唯商业耳。这实际上是危险的情形。身处网络时代，当我们每一个人都跋涉于信息的洪流，当“过滤”或者“守门”成为人们渡过信息洪流的必然选择时，商业利益与道德血液的较量终将会让人们认识到公众功能回归的重要。这不仅仅是百年来新闻屹立的根本，也将成为新闻在网络世界的最大力量。

所以，删繁就简，本书想要厘清的是：

不论是纸报还是网络，抑或构想中的移动电子平报，某种意义上，这些争论都不是决定新闻未来的核心命题。所有现存以及将要出现的形式都只是承载新闻的物理载体，都只是新闻为了满足人们认知饥渴的具象工具。西方传统媒体，如美国报业，曾经长久地在这个问题上挣扎纠结，但是某种意义上，这是一个不成其为问题的问题。只要读者存在，所有这些工具便都有其存在的价值。

新闻业虽然正在历史性地步入低潮，但是长远看，新闻业新一轮的繁荣年代正在到来。在网络这种新技术为各行各业带来的时代迷雾中，新闻业绝不可能是一艘将要沉没的大船。它行驶于迷雾，正在寻找方向，但它却是网络世界中最不可能沉没的大船。

网络这种以“利他”“共享”为初衷和特点的技术工具与新闻业的初衷本是如此的不谋而合。在这种新技术工具的推动下，新闻业“为人民服务”的初衷正在越来越清晰地回归。如同谷歌等新媒体商业模式背后隐藏的“利他”一样，“利他”也将成为未来新闻业新型盈利模式的大势所趋。

在上述大方向之下，在具体操作上，传统媒体聚焦的核心仍应当是盈利模式的寻找。

不论是从传播环境的分析，还是通过对美国报业新媒体尝试的回顾，我们都可以发现，今日传统媒体的危机不是新闻的危机，而是推动新闻的资金危机，即盈利模式的危机。民众对于新闻的需要仍在那里，甚至更为旺盛，但是推动新闻的资金链却出现了断裂。

本书首先梳理了美国报业在新媒体道路上的可贵尝试。

从20世纪七八十年代开始，美国报业一直在新媒体道路上摸索前进。虽然，到目前为止，美国报业的种种尝试还没有寻找到可资全行业推广的成功模式。但是，在这一过程中，他们大量开创性地尝试，他们与今日中国报业同样的纠结困惑，他们实验性的对策和经验教训，比如200多家美国报纸联手在1995年打造的新世纪网络（NCN），比如将文字记者、电视记者、广播记者合于一体的“坦帕模式”，比如为什么美国第二大报业巨头奈特·瑞德2005年的盈利状况好于不少财富500强公司，但却还是遭到投资者无情的出售……美国报业的经验教训对于同样在新媒体道路上摸索的中国传统媒体无疑有着极大的借鉴意义。

在盈利模式上，本书总结梳理了国外传统媒体在此领域上的诸多尝试，以期为国内传统媒体带来启发。

总体来看，目前国外传统媒体在网络世界摸索中的盈利模式可以分为“基于内容”和“基于广告”两大类。表面上看，这些盈利模式的出发点与传统媒体以往的“发行+广告”双模式趋动十分类似，但在网络的传播环境中，许多新特点开始出现，比如广告。网络环境下的广告与传统媒体的广告相比，已经发生翻天覆地的变化。不仅广告的呈现形式不同，广告的内核、投放、传播、量化等均已经产生巨变。这些改变不仅在很大程度上解读了传统媒体原有广告盈利模式失败的原因，同时也对中国传统媒体寻求新的盈利模式带来启发。

除了“基于内容”和“基于广告”，未来新闻媒体的盈利模式可能呈现出更为多重模式的交织，比如新闻的公众津贴模式、自媒体模式以及众包模式。围绕这三种模式，本书探讨了在“内容”和“广告”以外，这些模式盈利的可能。

基于上述分析，本书同时展望了传统媒体的未来。

我认为，在网络世界“利他”的价值观引领下，传统媒体在新的用户需求下亟待从传统的“新闻生产商”向“基于内容的服务供应商”转变。当他们以服务商而非生产商的眼光看待网络世界，呈现在他们眼前的很有可能是另一个全新的世界。

在商业模式上，传统媒体需要在网络的“利他”世界中寻找“利他型”的商业新模式。这同时也是一种“为人民服务”的商业模式。这种模式暗含着新闻业优化信息传播效用的工具本性的回归。这种模式的精髓同样也闪现在谷歌等新媒体成功的商业模式中。

在具体的实现路径上，我个人认为，“移动·地方·搜索”是传统媒体未来的大势所趋。首先，技术正在经历从网络向移动的新一轮转换，对于传统媒体来说，这将意味着新的市场机会。在这方面，依托于电子平板设备的移动“电子平报”时机可能已经成熟。其次，传统媒体可以尝试内容上强化“地方”的同时，跳出“内容”，通过其他方向强化“地方”。其三，传统媒体应当大力借鉴谷歌等新媒体成功的搜索引擎广告经验，为自己的网络广告注入“搜索”血统。

总之，在新闻采编行业从业逾十年后，这本书是我对行业困惑的思考总结和尝试求解。其中的诸多观点系本人一家之言、一管之窥，由于时间精力有限，不少方面未能继续深入研究。唯愿能抛砖引玉，启迪各位读者的思路，共同寻找到新闻业的明天。

感谢暨南大学新闻与传播学院院长、教授范以锦先生。范先生曾任南方日报社社长、总编辑，南方报业传媒集团董事长，是我肃仰已久的新闻业前辈大家。先生在新闻行业一线奋战多年，十分关注新媒体的发展。先生在百忙之中仍拨冗为本书作序，并无私传授其在新媒体领域的心得，令我如沐春风。

感谢羊城晚报社总编辑刘海陵对本书的指点。在得知我在研究思考国外新媒体领域的发展时，刘总欣然同意为本书作序，并在繁忙的工作之余通读全书。他挂帅于传统媒体的最前沿，本身又有着十分丰富的新闻实践经验，因此对文中诸多观点更能高屋建瓴，以更广阔的视角为我提出十分有益的指导建议，令我获益匪浅。

回首来路，一年弹指匆匆。难忘康考迪亚大学的Vanier图书馆，让我寻找到一张安静的书桌，度过一段累并快乐的时光；每每穿行于一排排林立的书架，我便仿如穿行于一颗颗睿智的大脑而油生敬意。感谢我的家人于我这一段“异想”经历的支持；感谢我的女儿，成书过程中，你是我甜蜜的折磨；感谢羊城晚报，予我以宽松的空间，让我去解答心中的疑惑。

唯以此书回报各位的厚爱。

2014年6月于蒙特利尔

目录

第1章 传统媒体的焦虑时代

长达一个多世纪“新闻=印刷媒体”的惯性思维戛然而止，对于传统媒体来说，这仿如一幕悲情的狗血剧，背后掺杂着诸多的个人荣辱。

传统媒体加速下滑

2013年12月24日，当整个蒙特利尔还笼罩在茫茫大雪和浓浓的圣诞气氛中，我收到朋友转发的微信：上海报业集团旗下《新闻晚报》将于2014年1月1日休刊。

尽管在此之前，国内一些杂志停刊或者连续数月不曾出刊的消息层出，但《新闻晚报》的休刊仍然让人感到前所未有的心理震撼。在传统报业面临集体经营困境的大背景下，《新闻晚报》成为中国报业市场化改革以来，首家休刊的较大规模、较大影响的都市报。

《新闻晚报》画上的这枚休止符打破了很多人不愿面对的心理禁忌——狼真的来了。当时的报道中，甚至很多人预见，《新闻晚报》的休刊可能会带来模仿效应。

量化这种下滑的最好指标是广告。

正知书院2013年度传播报告显示，“2013年互联网广告投放规模已经超过纸媒，全国40%的报刊亭已经不存在。”[1]

更多的个案呈现在你眼前——

联想2012年将传统媒体广告投入缩减到1亿元，2013年则进一步缩减到4 000万元；海尔在2014年伊始宣称将停止投放杂志“硬广”。

传统媒体人开始逃亡倒戈——

2013年8月，《21世纪经济报道》创始人刘洲伟通过微博宣布辞去21世纪传媒执行总裁及其他相关职务。这在当时引起很多业界人士的讨论。

而事实上，当我启笔这本书稿的时候更发现，在此之前，传统媒体人出走已非罕事。《中国企业家》杂志社社长刘东华、《创业家》杂志主编申音、《中国企业家》杂志执行总编李岷、《环球企业家》常务副主编仇勇……长长的名单似乎还在绵延。这些媒体精英投奔的是新媒体、营销传播、商务社交等那些看上去更有前景和想象的领域。

“2013年，传统媒体人的‘逃亡’规模很大，而且鲜有反向‘逃亡’的例子。”有业内人士这样总结。[2]

更直观白描现状的是行业薪资。

以国内报业最为发达的广州为例，2000年广州社平工资1 592元，2011年上涨到4 904元，十年间增长逾两倍。而反观媒体人的工资待遇，十年间几乎不变。

十多年前，当我初初走出大学校门的时候，一篇描写广州某报业集团创业传奇的报告文学给人留下深刻印象。文中表述称，记者的月薪已超万元。而十年后，据了解，该报业集团记者的月薪仍旧原地踏步，甚或反向缩水。

这或许是传统媒体人反向倒戈的最直接动力。2013年，据称广州某知名周刊深度新闻团队整体出走，投奔新媒体，后者开出的薪酬两倍于老东家。

在我身处的加拿大，情况同样如此。

整个2013年，加拿大有4份日报转为周报，免费报纸《24小时》的渥太华版、爱德蒙顿版、卡尔加里版宣告停刊。加拿大最大的报业出版商太阳传媒宣布，裁减全国逾1 000工作岗位，以因应“数字变革对印刷媒体界带来的前所未有的冲击”。2014年初，加拿大冰川传媒集团以裁减成本不够为由，宣布结束有80年历史的《甘禄日报》。2014年6月，加拿大最主要一家电视台CBC再次将裁员大刀砍向采编核心人员。这是CBC自2008年1月以来的第三次裁员。CBC同时开始呼吁公众加强对公共新闻事业的投入。

…………

今日的媒体也许正站在历史的分岔路口（图1）

上述林林总总只是包括中国在内传统媒体生存现状的凤毛鳞角。

从新闻院校科班出身，站在传统媒体第一线，在行业浸淫十余年后的今天，我能深刻地体味到这种弥漫行业的焦虑不安，更能清晰地感受到这一代媒体人心底的困惑——这个我们曾经贡献了青春与激情的行业，当她在焦虑与不确定中阵痛纠结时，她原来拥有的世界去了哪里？新的世界又会带来怎样的丛林法则？显然，这是一个无比庞杂的问题，但同样也是一个无可回避的问题。

新闻是因应社会、经济、技术变革的副产品。每一次重大的社会、经济、技术革命都会带来新闻的变革。这种变革在1500年代印刷技术到来的时候曾经发生；这种变革在1830—1840年代电报诞生的时候曾经发生；这种变革在1920年代广播发轫的时候曾经发生；这种变革随着电视的发明也曾经到来。

身处数字技术革命不断推进演变的今天，所有的答案也许尚不成其为答案，所有的答案也许还正如蛰伏的夏蝉，尚深藏于黑暗的泥土，在等那夏日阳光下的歌唱。

对于我们这一代媒体人来说，放眼望处，前路也许尽是迷雾。不过，在迷雾中奋力前行的并不只有中国传统媒体。他们今日的困惑纠结已经预演。

美国媒体多年前的预演

在美国，在线媒体对报业的冲击从20年代开始持续至今。在20世纪80年代到90年代，美国报人对报业的忧虑曾经因为广告这种成功的商业模式带来的巨额利润而一度舒缓。[3]但实际上，美国媒体表现出了比中国媒体更为超前的忧患意识。

“欢迎来到未来！明天已经到来。美国历史上的重要时刻就在我们身上……我们当中有多少人能幸运地看到第一台电视播出的第一个节目，听到第一台收音机发出的第一个声音，看到第一部有声电影，听到贝尔电话传来的第一个单词，甚至读到第一份付诸发行的美国报纸？事实上，当历史被定格的时候，我们中极少有人能够说，我们在哪儿——直到现在，一种全新的传播媒体现在正在美国首次商业运行。这种新媒体融太空科技于你的日常电视、电话一体，它将为你带来信息与服务的崭新世界。”[4]

无论你是否能够想象，上述这段激动人心的表述出自于1983年。当时的美国报业集团奈特·瑞德已经投入5 000万美元，开始启动自己的新媒体项目。专门为这个项目成立的奈特·瑞德网络电子公司的主席阿尔伯特·J.吉伦就是在项目正式启动时发表了上述这段讲话。

翻开《新闻的要素》，你可以发现更多的佐证——中国媒体人正在经历的阵痛，西方媒体人多年前早已经饱尝。[5]

1997年6月的一天，25位西方媒体从业人员围坐在哈佛教授俱乐部的长桌前，他们中间包括几家美国最顶尖报纸的编辑、电视和广播最有影响力的从业者、几位一流的新闻教育工作者和美国知名作家。

客观上，当他们齐集一堂的时候，网络对于报纸的冲击已经开始显示。比如，1996年末，美国的在线报纸已经多达200多家；到1997年，美国已经有26%的家庭开始使用网络。正如当下的中国传统媒体从业者——这群美国同行同样感到，自己从事的职业正出现大问题。

美国媒体从业者提出了与中国媒体从业者同样的担忧——假如媒体这个人们获取新闻的传统通道被颠覆，那么谁将来取代她的角色？广告业、娱乐业、电子商务，抑或宣传公关，在线新闻整合商，甚至新的集这些功能于一体的“混合体”？但是，一旦传统的新闻业被取代，后果将会是怎样？

他们感到，在周围相当多同业的作品中，几乎很难再找出真正的“新闻”。

一方面，公众越来越不相信媒体，甚至厌恶媒体。1987年，接受调查的美国人还有41%相信新闻关心的是普通民众。到1999年，这个数字已经降低为21%。2005年，情况略微出现好转，认为新闻关心民众的美国人上升到28%，但这个比例显示民众对新闻的信任仍在低位徘徊。相应地，人们对新闻“看门狗”（Watchdog）角色的尊重也从1985年的67%降至1999年的58%。[6]

1997年6月那一天，当这群资深的美国新闻从业者围坐长谈，他们中的不少人甚至表示，他们也开始同意民众的观点——新闻关心的不再是民众。

事情显然已经有点不同寻常了。

《费城问询报》的一位编辑坦言：“我们探讨的不再是新闻，而是商业压力和账本底线。”事实上，在这些美国从业人员眼中，新闻已经被娱乐化，或者成为娱乐工具。记者的奖金不再与作品的质量相关，而更大程度取决于其对公司的利润贡献。

如果将视线拉回中国，你会发现1997年哈佛教授俱乐部发生的那一幕与当下中国媒体从业者的焦虑竟然如此相同。

如同中国媒体人忧虑的那样，美国媒体从业者们清楚地意识到：又一轮新闻变革正随着网络的到来正在发生。较之以往，这一次的变革将更为激烈。因为，在新闻业的历史中，没有哪一次变革像这个时代的变革一样，“新闻”的供应垄断正在被打断，“新闻”正在由业界以外的公司提供。

我们正面临这样的严酷现实——新闻正在被口口相传的“传闻”取代、新闻正在被极端利己的商业利益压榨。

克莱·舍基在《报纸：想想最不可能的情况》一文中白描了20世纪90年代西方报业面对数字变革奋勇挣扎的场景。

20世纪90年代，面对网络对传统媒体版图的侵蚀，美国媒体人谋划出一系列应对方案。[7]

第一种是选择与类似美国在线（Amercia Online）的公司联手，因为后者的订阅服务增长迅猛，同时又并不会像完全开放的互联网那样，可以疯狂得毫不顾忌版权等问题。

第二种方案是教化民众遵守版权法。基于这种方案，一种针对普通读者的类似微付费（micropayments）的新付费模式被采用。

第三种方案则是寄希望于科技公司的“良心约束”。尽可能地说服科技公司，让它们的硬件和软件不再向公众提供过于强大的“分享信息”的能力。媒体人们甚至想出了“曲线救国”的方式——通过与科技公司进行数据合作，以最终达到同样的目的。

在诸多尝试中，相当多美国业界始终认同一种核心观点：应该直接向侵权者起诉，让其“血债血偿”，以儆效尤，对后来者警示。

如同国内媒体人的争论一样，这种观点在美国业界同样引起广泛争议。

“围墙花园真得能够让情况没那么糟糕吗？能够对民众采用‘教育+诉讼’这种‘胡萝卜+大棒’的政策吗？”反对者们尖锐地抛出问题。

就在各种方案、争论满天飞的时候，有一种假设被人们认为永远不可能发生。

“在这个国家大大小小的编辑部里，这种可能性从来没有被人讨论过，因为人们坚信，它不可能发生。”克莱·舍基指出。[8]

这种被定义为“不可能发生”的假设性场景是：

——网络对内容分享的能力不仅不会缩水，反而不断增长。

——围墙花园最终被淘汰。

——数字广告变得更为有效，而后开始盈利。

——民众对付费模式产生抗拒，进而阻挠内容的传播。

——民众同样也会抗拒媒体不能让他们随心所欲地所谓教育。

——原有的广告投放习惯和读者阅读习惯不会转移到网络世界。

——甚至诉诸法律都不足以阻止大规模、旷日持久的侵权。

——硬件和软件商人既不会将版权所有人视为盟友，也不会将顾客视为敌人。

总之，一句话：技术革命颠覆了媒体人原来的所有假设。

克莱·舍基在总结20世纪90年代美国传统媒体各种各样的“保卫战”时发现，所有这些战略的共同点在于，它们都基于相同的出发点——人们企图在一个阅读更便宜、更便捷的世界，保护原有的组织形式。不论手段如何，细节或有不同，内核却如出一辙——人们仍旧坚信：原有的媒体组织坚如磐石，只需要在原有基础上进行数字化改造。[9]

所以，当提出“到底什么将取代报纸？”这个问题的时候，克莱·舍基认为，20世纪90年代的美国传统媒体其实希望听到的答案是——“我们并非身处变革”“旧体系不会被新体系取代”“原来的商业模式没有危险，最核心的东西会留存下来，信息传播的新方式只会完善我们原有的体系而不会彻底颠覆它”……

历史上的“1500”年代

“当我们遇到全新的状况时，我们总是倾向把它们与最近的过去联系在一起。我们通过后视镜审视当下。我们向后踏步，走进未来。”“媒介之父”麦克卢汉的这个观点对于当下的媒体传播环境同样有着借鉴作用。[10]

想要更清楚地了解网络之于以纸媒为代表的传统媒体扮演的角色，不妨回顾一下历史上的“1500”年代。

斯塔夫里阿诺斯在《全球通史》中将人类历史的演进划分为两个基本阶段。作为分界点的是1500年，现代文明由此生发。[11]这个时期，文艺复兴、宗教改革席卷整个西欧，并进一步推动了影响更为深远的政治领域的革命。

德国人约翰·古腾堡（图2）

在这个全球历史的分水岭上，得到史家们强调的一个事件是：约1450年，德国人古腾堡进行的金属活字印刷技术获得成功，并开始投入产业实践。

古腾堡在制作镜子时，利用压具将镜子装进镜框。他灵光一闪，想到能不能用同样的压具把排成词或句子的活体铅字托住。因为这道“灵光”，古腾堡发明了西方的活字印刷机。

在古腾堡以前，西方人也懂得刻板印刷术，刻板印刷可使一本书印成许多册。但是这种方法的一项重大缺陷是，印刷每一种新书都需要一套崭新的木刻或印板，因此出版种类繁多的书在当时昂贵而不切合实际。

相形之下，古腾堡的印刷机不仅比手写快，更比前人的刻板印刷便宜，用这个办法只消几个小时就可以印出几百份。1400年代早期的某一天，古腾堡亲自印刷了第一批文件——教会的赎罪书。

不过，让教会和所有人没有想到的是，木质框架和黑墨水中竟潜伏着令人意想不到的力量。

伊丽莎白·爱森斯坦在她的著作《印刷媒体：变革的代言人》中描述了古腾堡发明的印刷机对当时社会引发的变革。

在印刷媒体出现以前，1400年代早期，文字的传播极为有限，教会是整个泛欧洲地区的主要政治势力。当时的数学用拉丁文撰写，人们日常能看到的书籍只有圣经。而在1500年代后期，当古腾堡的印刷技术开始传播，文字的传播开始加速，一些使用现代英语的书籍开始出版发行。

1533年，哥白尼出版了《天体运行论》，他提出的“日心说”沉重打击了教会的宇宙观。

1517年，马丁·路德提出宗教改革的呼声。马丁·路德利用新兴的印刷技术将他的小册子广泛散发，在德国形成一大批追随者。菲利普·李·拉尔夫等人撰写的《世界文明史》这样写道：如果不是得益于印刷术，马丁·路德或许会像胡斯那样被处死。[12]

爱森斯坦关注的是不少历史学家鲜有涉足的历史转换交替时期。事实上，在印刷媒体出现以前以及以后的历史研究和表述并不能给人真正启迪。道理其实浅显——因为，混乱尚未开始或者已然结束，格局已经确定。

而在1500年代到底发生了一些什么？爱森斯坦提出这样的问题：“我们是怎么从没有印刷媒体的时代过渡到有印刷媒体的时代？”“这些革命本身的面目又是怎样？”

欧洲的古腾堡印刷术（图3）

如果说，“1500”年代曾经给出答案，那么当时的答案可以用两个字概括——“混乱”。

《圣经》被翻译成了方言，主要的西欧方言包括波西米亚语、法语、德语、意大利语的圣经先后出版。

亚里士多德和盖伦的抄写本被广泛发行，但是相关段落却谬误百出，令新兴印刷术的可信性大打折扣。

随着新奇的事物四处传播，旧有的制度体系疲于应付，而新的事物看上去却并不足以信赖。

德国人约翰·古腾堡（图4）

回顾这段变革，可以视为转折点的是一个叫奥尔德斯·马努蒂尔乌斯的意大利人的出现。

马努蒂尔乌斯是威尼斯的一个印刷商和出版商。他发明了比原来书本更小的八开本以方便人们携带，同时为了在页面中排下更多文字，减少篇幅，他又在车间采用了斜体印刷。

马努蒂尔乌斯的创新用今天时髦的话来说，“技术含量”并不大，实质不过是将书本压缩，变得更小。但是随着书本变得更便宜、更易于携带，印刷业版图被极大扩张，文字的传播更加广泛。

回顾1500年代，这是人类已经走过的真正意义的革命。分析这场完整的革命，旧事物瓦解的速度远远快于新事物成形的速度。任何有价值的试验在当时都很难表露出其真正的价值，甚至革命者自身都无法预见将会发生什么。

这就好像我们站在今天，回看20世纪80年代人们发出的感慨——“绝没有人能够想象电脑的销量有一天会超过汽车的销量……”[13]

以史为鉴。冰冷的事实摆在眼前——我们正生活在“1500”年代。

在这个年代，被打破的东西活生生地摆在眼前，远比预见未来的可能来得容易。

2014年，网络迎来诞生的50多个年头，而其真正使用只有20多年。放眼历史的长河，这显然只是白驹过隙的一瞬。然而，我们的进度只达到这里。即使革命本身都无法预测，什么将会发生。

对于以印刷媒体为代表的传统媒体来说，过去的黄金年代，它们承担了社会信息传播的最重要角色。然而，眼下的现实是：传统媒体原来解决的问题——公众获取信息的困难、复杂以及成本，已经不成其为问题。

旧的模式被打破，适用新世界的通用模式还没有出现。

长达一个多世纪“新闻=印刷媒体”的惯性思维戛然而止，对于传统媒体来说，这仿如一幕悲情的狗血剧，背后掺杂着诸多的个人荣辱。

但是，历史从不悲情，它只会向前行走。

在过去一个多世纪中，我们忽略了一个重要的事实：社会本身并不需要某种特定的形式，比如报纸。

社会需要的只是新闻。

长达一个多世纪中，人们将新闻的重要性与以报纸为代表的传统媒体紧密相联，以至于二者被混为一谈。然而，回看历史，这一切甚至也许只是一个意外事件，是历史行进中的一个小小岔道。

当这个“意外”在我们眼前结束，当这个“岔道”迂回蜿蜒回归到主干道的时候，作为媒体人，我们需要坚信的是，我们肩负的新闻使命从未完结。我们比以往更需要返璞归真，还原“新闻”的本来面目。

下一扇大门的钥匙在哪里？

就像马努蒂尔乌斯的“八开本”为印刷媒体注入意想不到的生机活力，相信这个时代的“马努蒂尔乌斯”和“八开本”也正在历史的某个角落等待着我们。

在这之前，让我们试着拨开迷雾，看到能够看到的阳光。

第2章 变革的世界

主流传统媒体极力想要在新的传播环境中继续扮演自己的传统角色，却发现新闻议程的设置者已经不再是自己……在这个新的传播环境中，以往适用的传播法则已然失效。在信息的多极传播中，他们只是议程设置的其中一员。

从“大哥大”到“二级供应商”

1993年，美国的奈特·瑞德报业集团开始调查戴夫·巴里专栏的版权问题。巴里的专栏在当时广受欢迎，它由《迈阿密先驱报》刊发，而后在各报业组织内转载。在追踪未经授权转载传播的过程中，传统媒体们发现多多。他们追踪到将巴里专栏照搬上网的网站；他们整理出一份2 000人的名单，这些人都有份阅读过网上的盗版巴里专栏；他们甚至发现了一个14岁的孩子，这个孩子自己动手对巴里专栏进行剪剪贴贴，把它挂在了网上。当被问到为什么要这样做的时候，这个孩子回答说，因为他实在太喜欢巴里的文章，所以想要每个人都能读到它们。

这件事情引起很多人思考。当时《纽约时报》负责网络服务的高迪·汤普森这样说：“一个14岁的孩子用业余时间就可以摧毁你的工作，而他这么做的原因不是因为讨厌你，而是因为太喜欢你。这个时候，你要明白，你遇到了真正的大麻烦。”[1]

这个小小插曲是传统媒体今日身处世界的缩影。这个它们曾经拥有的世界，在经过一个多世纪臻于成熟的发展之后，到底正在经历怎样的变革？

1975年的美国经典老片《电视台风云》（Network）里，当年轻的女制片人戴安娜·克里斯特森看到恐怖分子自己拍摄的行动录像后，产生了一个疯狂的想法，决定制作一个相当冒险的电视节目，一个类似今天“真人秀”的暴力节目。她首先要做的是，与联合广播公司（UBS）的主席弗兰克·哈克特商量，得到广播公司的首肯。

1976年拍摄的以尼克松总统“水门丑闻”为题材的另一部美国经典电影《总统班底》（All the President's Men）同样如此。两名华盛顿邮报的记者卡尔·伯恩斯和鲍勃·伍德沃德发现最初的新闻线索时，同样也需要与报社总编沟通，决定是否继续进行调查。

40年光阴荏苒，你不仅发现，新闻的操作方式在这40年间基本未有发生太大变化；传统媒体内部就新闻或节目“yes”或“no”的博弈也如出一辙。

不论报纸还是电台、电视台，记者与编辑的博弈概莫能免。这不仅是因为传统媒体需要判定新闻事件的价值，需要认定什么是新闻，什么不是新闻，客观上不容回避的原因是——不论报纸版面还是节目播出时间都十分有限，这种资源的稀缺是记者与编辑博弈的根源。一方面，编辑手中的版面资源是有限的，而另一方面，外部新闻的发生是无限的。同时，记者们见报稿件的多寡、长短又直接决定了他们的薪水以及职业成就感。

以版面资源的有限去应对外部新闻发生的无限——对于以纸质印刷为介质的传统报业来说，资源的稀缺性是他们与生俱来的物理缺陷。同样的

不论是电视还是报纸，40年前的新闻操作与今天并无二致（图5）

情况发生在广播、电视，对于它们而言，节目的播出时间是信息传播的最大物理瓶颈。

在网络出现以前的年代，传统媒体的物理瓶颈并不成其为真正意义的“瓶颈”，因为市场上所有的竞争主体概莫能外。

但是传统媒体对自身的这种局限性其实是了然于心的。

因应这种与生俱来的劣势，人们创造出诸如“5W+H”“倒金字塔”格式等各种对新闻写作的规律性总结。这些格式给出新闻文体的高效性写作范本，一方面让读者能够在最短的时间内抓住新闻事件的核心，同时也在现实中便于编辑应版面的需要在极短的时间内做出相对精准的删减。

为了让版面尽可能地容纳更多信息，短新闻应运而生。早在1978年，《解放日报》就开辟了《短新闻》专栏，首倡采写短新闻。[2]短新闻成为新闻业界的共识。这种新闻的“碎片化”同样是传统媒体为了应对容量有限及内容供应稀缺而采用的一种手段。

20世纪90年代，中国报业还曾出现过一轮波及全国的“扩版”浪潮，当时“4版的扩成8版，8版的扩成12版，12版的扩成24版，甚至54版”。[3]许多报纸被动或主动地被拉上战车。扩版的核心仍在于信息容量的竞争。

对于物理介质的充分扩容同样出现在西方传统媒体。

卡茨在对西方媒体海湾战争报道的描述中，曾经注意到24小时有线新闻电视（24-hour cable news outlets）不仅尽可能快速地从战场采集新闻，而且尽可能快速地将其播出。这实际上极大地削弱了编辑在新闻制作中的功能，而是鼓励观众自己梳理出战争发生进程中的“真相”。[4]

再如1990年代早期，为应对因特网的冲击，美国报纸推出很多方法拯救报纸，包括强调短新闻、更多图表、彩色图片等等。当时甘乃特公司的“新闻2000”就是个典型代表。这个计划强调对社区事务的报道，实际上是希望通过对内容的重新定位来增加可读性，实现有限版面内的有效信息扩容。[5]

然而，所有基于物理介质的容量竞争注定只能停留在“冷兵器”时代。因为，技术创造出前所未有的可能，它不仅改写了原有的竞争格局，同样改写了游戏规则，引发革命性变化的“核武器”已经到来。

网络的出现放大了传统媒体的物理缺陷。随着谷歌、百度等“网络整合商”（online aggregator）的出现，它们不仅整合传统媒体的内容，而且集各路信息于大成。当传统媒体指责网络整合商不负责任、没有底线的整合时，不得不承认的是，技术上，网络提供的无限空间是实现这种整合的前提条件。网络不仅提供无限的“版面”“时间”，并通过网页的超链接，突破了信息的水平传递，将内容的供应向纵深发展。

需要指出的是，整合并非网络首创，传统媒体是更早的践行者。最直观的表现是，相当多的报纸辟有专门的版面转载其他报纸的相关报道。尽管传统媒体无可质疑地高度重视新闻的原始采集和编辑，但这种新闻整合在国内新闻和国际新闻上仍表现得尤其明显，因为报纸采访力量的局限，它们不得不通过这种新闻整合来丰富报纸的全国以及全球视野。

整合同样也不是某一种传播介质的特权。在一个开放的信息社会，点对点的信息总是呈现双向流动。在网络整合商整合传统媒体、各个公民留言板以及自媒体内容的同时，传统媒体同样也可以整合网络聚合商、公民留言板以及自媒体的内容。但硬伤在于，传统媒体存在致命的容量“短板”。换句话说，他们纵有整合之心，但这种内容整合永远不可能达到网络整合的极致。

传统媒体容量的稀缺带来另一个现实矛盾——在一个因版面容量导致的PK环境中，大量受到正规专业训练的记者的稿件不能得以刊发，相形网络上草根写手、普通民众几乎不受任何限制的“留言”，“正规军”这种无效劳动反过来造成报纸成本的进一步上升。

谷歌、百度等网络聚合商在技术革命时代如鱼得水，它们以无限的空间整合传统媒体的内容，整合微博、微信、博客等各个“公民留言板”上的内容，同时整合新兴的公民媒体（或称自媒体）的内容。

相形之下，网络的出现则带来“日报新闻循环的没落”。

“当记者还在努力将新闻事件向前推进一点点的时候，新闻正在网上以每20分钟一次的速度不断更新。对于传统报纸来说，一个可以预见的结果是，更加有限的新闻操作时间以及随之而来的更多错误。对它们来说，更快的报道还是更准确的报道将成为更现实的博弈。”[6]

以报纸为例比较新旧两个传播时代，如果说，报纸是承载内容的旧有的传统平台，网络则将平台的概念无限放大，它可以承载一切与内容相关的东西，并立体延伸到诸多层次的链接，同时实现了更为便捷的交互。

如果用图表显示传统媒体、网络整合商以及受众三者的关系，可以清楚地发现，在内容的供应上，传统媒体已经从内容供应的“独大”沦为二级供应商，并且不是唯一的二级供应商。

某种意义上，网络引发的新闻变革是一场以技术为支撑的渠道之变以及介质之变。

网络传播的渠道变化（制图：李青）

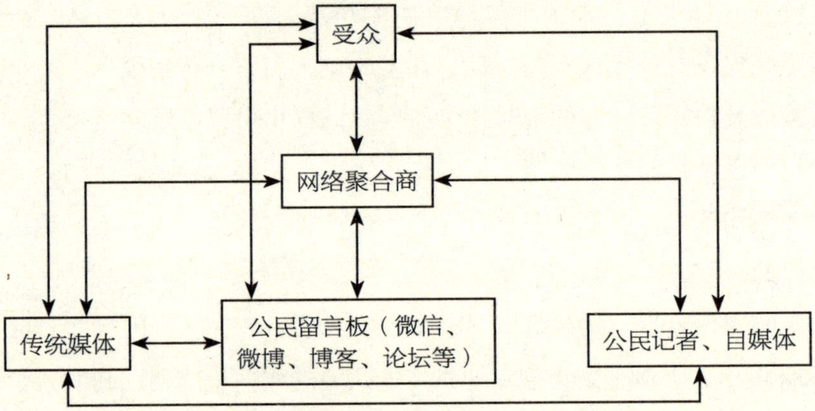

“守门人”角色的蜕变

技术革命不仅带来传播渠道的蜕变，历史性地改写了内容供应的容量与深度，它同时改写了信息的流向。

首先呈现在我们眼前的是——信息消费者与供应者原有的权力制衡被打破。

“技术将民众从信息的被动接受者和消费者转变为主动的参与者。简言之，当人们通过谷歌搜索信息、浏览话题、阅读或编写博客时，他们就是自己的‘编辑’和‘记者’”。相应地，记者作为民众与新闻的中间介质以及鉴别者的功能正被弱化。[7]

换言之，传统媒体作为“守门人”，决定公众应该知道哪些信息、不应该知道哪些信息的情况很大程度上已经不复存在。

如果《纽约时报》决定不发表某条消息，在那些不可计数的网站、博客、论坛中，至少有一个会发布这条消息。克林顿与莱温斯基性丑闻的传播便是这样的一个实证。

克林顿与莱温斯基性丑闻被不少西方媒体视为20世纪媒体发展中的一个重要历史性事件。他们认为这是一个传统媒体，特别是传统主流媒体（mainstream media）“守门人”角色被突破的经典案例。

最先掌握克林顿与莱温斯基性绯闻新闻线索的是《新闻周刊》。记者麦克·艾西科夫费尽周折找到了莱温斯基的电视录音，但是《新闻周刊》的主编对这宗涉及在位总统的桃色新闻持极其谨慎的态度，决定暂不发表，待掌握了更全面的材料之后再考虑刊出。就在这个时候，主编“德拉吉报道”（Drudge Report，网址：http://www.drudgereport.com）的马特·德拉吉（Matt Drudge）抢先一步于1月17日晚将有关内容放到其网站上，率先报道了这一轰动性事件。

于是，凡是在1月17日晚登录“德拉吉报道”的人都看到这样一条大幅黑体新闻标题：“《新闻周刊》‘枪毙’关于24岁的白宫实习生与总统性关系的新闻报道”。

三天后，即1月20日，各大电视网和报纸的记者才开始动用一切力量打探有关消息。20日晚，美国广播公司在晚间新闻中作了独家报道；于当晚9时印刷的21日的《华盛顿邮报》头版通栏标题是：“克林顿被控指使助手撒谎——斯塔尔调查总统是否怂恿女实习生向琼斯律师否认私通”。

21日早上，“白宫性丑闻”几乎成了所有报纸和电视台的头条新闻。被“德拉吉报道”抢了先的《新闻周刊》这时也急急忙忙地于21日夜间在网上发表了有删节的报道。由于《新闻周刊》还没有自己的网站，它的这篇报道发表在“美国在线”上。《新闻周刊》在印刷版全文发表了那篇德拉吉称“被枪毙”的报道。对此，该杂志做了如下的解释：“因为我们没有足够的时间收集材料，我们才在上周决定推迟发表这篇报道。”

其后一周，对这一事件的各种最新发展的报道远远超过报道戴安娜王妃遇难消息的篇幅和时间。

然而，即使如此，在速度上传统媒体仍然赶不上因特网。报纸杂志编辑不得不经常从网上寻找最新的消息或传闻。一些有影响力的大报和主要电视网干脆把其独家消息同时放到自己的网址上，与“德拉吉报道”等网上杂志一争高下。[8]

西方学者以克林顿与莱温斯基性丑闻为案例，分析了传统媒体“守门人”角色在网络这种新型传播环境下的变化。

他们提出，网络平台为公众提供了不可计数的新闻来源，这在某种程度上意味着公众获取信息的“门槛”已经不在；既然“门槛”不在，那也就意味着，记者原来承担的“守门人”角色不复存在。[9]

克林顿与莱温斯基的丑闻成为当时美国新闻界的焦点。二人广为流传的合影成为当时《时代周刊》的封面（图6）

回顾西方传统媒体倡导的“守门人”角色，其与社会责任理论紧密相关。在战后美国出现的政府和经济集权的大背景下，社会责任理论应运而生。1963年，西奥多·彼得森率先提出社会责任理论。

社会责任理论认为，在此之前的自由新闻理论所倡导的“自由”是一种空心自由。“这就好像告诉一个跛足的人，他有走路的自由。”这种观点同时认为，“真实的自由必须是有效用的。告诉一个人他能够实现目标并不足够，必须要为他提供实现目标的恰当方法。”[10]

社会责任理论主张有限制的新闻自由、承认政府对新闻业的干预和控制。随着资本主义从自由竞争发展到垄断，特别是国家垄断资本主义，社会责任理论盛行于西方国家。

必须指出的是，社会责任理论对西方社会的向前发展有其进步意义。

19世纪末20世纪初风行于西方的轰轰烈烈的“扒粪运动”（也称“黑幕揭发运动”）就被认为是一场拯救美国的运动。

“扒粪运动”的名称源于西奥多·罗斯福总统的一次演讲。罗斯福把那些揭黑记者比作英国作家约翰·班扬小说《天路历程》中的一个反派人物。这个人从不仰望天空，只是手拿粪耙，埋头打扫地上的秽物。但被批评的记者欣然接受这个称号，自称“muckraker”（直译为“扒粪的人”），并衍生出“扒粪运动”“扒粪记者”“扒粪报刊”等名称。

“扒粪运动”历时十年，涌现出一批职业黑幕揭发记者和喜欢刊载黑幕揭发文章的通俗杂志。1903—1912年，据称有2 000多篇各种类型的黑幕揭发文章发表在这些杂志上。比如《屠场》一书揭露了芝加哥肉类工厂令人震惊的肮脏黑暗，以致老罗斯福总统从此不再敢吃香肠，并促成政府通过食品卫生法。[11]

一些西方学者认为，社会责任理论的一个重要观点是，普通民众与媒体精英和政客是两个相对分离的群体。前者是易于管理的信息消费者，而后者则是信息守门人，他们代表着政治和社会建设中的公众利益。

社会责任理论本质上承认了一个集权化、私有化的媒体产业和参与度日益减少的公众都不可回避的问题，它最终将公民的社会责任归结为新的信息精英群体的义务范畴。关于社会和政治世界的所谓“事实”不是出于公众公开化的讨论争议，而是由新闻媒体以及政客通过有限交换意见形成。[12]

以克林顿和莱温斯基性丑闻为例，在德拉吉报道之前，《新闻周刊》的压稿表现出来的实际情况是：尽管外部世界已经发生巨变，但记者和政治精英仍然在固守旧有的操作惯例，他们依旧停留在传统的“社会责任”时代，依旧认为主流媒体还在承担着“守门人”的角色。换言之，记者、编辑、政客之间仍在就特定新闻宜于向公众公开的尺度以及形式，相互间进行着内部协商。[13]

但是，随着网络这种新媒体的出现，它正创造出以往任何一种传播理论、传播研究从来没有设想过的新型传播环境。

“当我们每天将大量的时间消磨在媒体上的时候，不论是看电视、看电影、上网浏览、打游戏、听音乐、听广播等等，‘屏幕上生活’（life on the screen）已经无法与屏幕以外的生活严格区分开来。渐渐地，各种新形式的媒体便进驻到我们的生活。”[14]

马歇尔·麦克卢汉也曾经对这种现象这样解释：“新媒体已经不再是我们联系现实生活的方式；它们就是现实生活，它们恣意重塑我们的生活。”

国内一位独立撰稿人则在《微博的革命》一文中如此白描新媒体下的中国人生活：有人花钱买了二十万的粉丝，振臂一呼，一呼百应的感觉的确很好；有人在吃火锅的前一秒，掏出手机发一条今天喝酒吃肉的微博；有人站在丽江的大水车面前，发一条微博告诉别人我在这里；还有人在西门子总部门前拎着大锤，告诉别人：你们快来围观啊，我要开始砸冰箱了啊……总之，无论你是名人，还是草根，微博都已经占据了生活当中很重要的一部分时间。[15]

一个多世纪以来，西方传播领域的学者们一直在致力研究一个问题——公众观点能够走得多远实际上取决于精英群体在社会事务中的斗争结果。研究者们采用一系列越来越复杂的实证手段，不断印证着——媒体，作为“守门人”，在“公众意见”中发挥着重要的影响力。但是，必须清楚地意识到，“社会责任”年代里描述的特定的传播环境是媒体传统“守门人”作用发挥的重要土壤。

这些理论也许曾经历史性地十分精准，但是，却与今天的传播现状关联十分有限。在“守门人”时代以及“社公责任”时代，新闻信息是由包括传统媒体和政客在内的精英群体单向（single axe）流向公众，但是在新的传播环境中，信息的流动开始呈现出多极化（multiaxiality）的格局。对于传统媒体来说，这种新型传播环境直接造成了他们传统意义“守门人”角色的失语。[16]

传统意义的“守门人”角色正在坍塌，或者正行走于时代进化的岔路口。

对于记者、政治家、官员、学者等以往在社会责任理论环境下承担重要角色的精英群体而言，这无疑是个沉重的打击。某种程度上，他们以往承担的社会责任正在向公众回归，而后者正以一种更积极、更进取的态度参与到社会政治事务的建设中来。对于精英群体而言，能否以及如何在公众职能回归的大势之下，实现自己新的“时代进化”将是摆在他们面前的严峻挑战。

16世纪的“守门”突破

必须指出的是，在印刷技术之于网络技术的这场角力中，突破旧媒体的“守门”并非网络首创。回顾历史，你会发现，今日备受网络技术挑战的印刷媒体本身也曾经是无畏的革命者，站在上一轮媒体革命的潮头，以“革命者”的身份颠覆过当时“旧媒体”的“守门”。

16世纪，马丁·路德宗教改革的胜利可以让我们清楚看到，印刷媒体当年如何曲线突破了以教会为代表的传统势力的“守门”。

1967年《时代周刊》封面人物是马丁·路德（图7）

如前所述，在印刷媒体出现以前，15世纪早期，文字的传播极为有限，教会是整个泛欧洲地区的主要政治势力。当时的数学用拉丁文撰写，人们日常能看到的书籍只有《圣经》。15世纪后期，随着德国人古腾堡进行的金属活字印刷技术获得成功，并开始投入产业实践，文字的传播开始加速。马丁·路德的宗教改革就是在这种大背景下产生。

《经济学家》杂志上的一篇文章探讨了路德思想的传播过程，并将这种借助印刷媒体的传播类比为

“16世纪的社交传播”。[17]

16世纪初，教皇利奥十世为兴建圣彼得大教堂，将售卖赎罪券作为筹款的财路。当时的教会称，只要购买赎罪券的金币投入钱柜的一刹那，灵魂就可从炼狱得到释放。

教会的敛财引起路德的强烈反感。1517年10月31日，路德将他的《关于宽恕的力量与效力的九十五条论纲》钉在维滕贝格的教堂大门上，矛头直指赎罪券。

当时的印刷技术正是小荷露角。路德将《九十五条论纲》寄给朋友，由他们出资印刷。很快，1517年12月，小册子和大报上印刷版的《论纲》同时在莱比锡、纽伦堡和巴塞尔出现。一开始，《论纲》是用拉丁文撰写，只有说拉丁语的学者和神职人员能够看懂。很快《论纲》被翻译成德语版，迅速在整个德语地区传播开来。路德的朋友弗里德里希后来写道：“仅仅过去14天，《论纲》便传遍了德国上下，在4周内几乎整个基督教世界都对其耳熟能详了。”

《九十五条论纲》如此迅速地传播让路德本人也感到吃惊。为什么在当时教会庞大势力的“守门”下，路德的小册子可以快速流传呢？

“不像印刷大规格的书需要几周或者几个月，一本小册子一两天就能印好。初版的印刷费和一只鸡差不多，首先会传遍整个镇。路德的支持者们会把小册子推荐给朋友。书商推销它，卖宗教书的小贩四处兜售它。接着旅行商人、传教士会把小册子带到其他镇，那里的人们如果感兴趣，当地的印刷工很快会以每批1 000本左右来再度印刷……不用作者本人的参与，小册子很快就风靡传播开来。”

某种程度上，人们对于路德作品的支持与推荐已经呈现出社交媒体推特的雏形——有了“喜欢”和“转推”。类推到中国目前流行的微信，人们在阅读路德作品后大量的“点赞”和“转发”，令路德作品的销量产生了二次、三次、四次……的后续爆发。正因为这样，路德的小册子在当时受到追捧的程度“与其是卖不如说是抢”。他的第一本用德语写成的册子《论赎罪券与恩典的布道》仅在1518年就再版14次，每版至少印了1 000

份。1520年至1526年间在德语地区发行的6 000本不同册子中，约1 700本都是路德的作品。

如果从传播学的角度解析400多年前路德作品的传播路径，看到的会是下面比较有意思的景象。

在《九十五条论纲》以前，教会对民众的信息传播，某种程度上类似于近百年来报纸一直沿用的“守门”制度——以教会为代表的精英集团负责对信息进行过滤，将过滤后的信息传递给民众。民众看到的实际是滤镜后的世界。路德的《九十五条论纲》惯常的命运应该是被过滤掉，但是借由印刷媒体带来的崭新传播通道，《九十五条论纲》绕过了原有的滤镜，改变了教会“单极”传播信息的局面。

不仅如此，印刷媒体还带来了信息的双向流动。

《九十五条论纲》在通过印刷技术广泛传播后，很快引来对手的反击。贩卖赎罪券的约翰首先用自己的论文集反击路德。另一个教皇的拥护者西尔维斯特也发表了《驳马丁·路德的放肆言论》，把路德称为“一个黄铜脑袋铁鼻子的麻风病人”。路德很快应战。仅仅用了两天就发表小册子进行反击——“很遗憾我看不起约翰……”

基于印刷媒体的这种你来我往的辩论带给人们前所未有的参与体验。或者用今天时髦的话来说——互动被大大激活。

许多小册子号召读者在读完之后和其他人讨论，并大声读给不识字的人听。人们读完后和家人讨论小册子，在朋友圈子里讨论，或是在客栈、小酒馆里讨论。由路德观点发起的辩论波及到社会的各个角落。有攻击路德的英国国王亨利八世，他后来被教皇授予“信仰捍卫者”的称号；也有来自纽伦堡的鞋匠汉斯·萨克斯，他谱了一系列支持路德并广受欢迎的歌曲。

1521年，利奥十世派去德国的使者阿兰德惋惜道：“每天那些路德的小册子可以称得上是名副其实的倾盆大雨……这里除了路德的小册子，什么都不卖。”为了阻止路德思想的传播，莱比锡的印刷厂被勒令禁止出版或者销售一切路德及其盟友的作品，但其他地方出版的小册子依然不断地流入城市。市议会向萨克森公爵抱怨印刷工人正面临“无家可归”的境地，因为“卖的好或者需求旺的都不被允许销售或印刷”。而相形之下，“大量的天主教小册子囤积过剩无人过问，甚至送人都送不出去”。

1520年，教皇用逐出教会的敕令对路德进行威胁，宣称要“阻断这场瘟疫和癌症般的疾病，令其无法蔓延”。1521年的“蠕虫敕令”警告人们禁止传播路德思想，不然“整个德国，随后其他国家都将受到疾病的传染”。但是为时已晚——传染已经凌驾于整个德国之上。借由小册子的传播，新思想已经彻底突破了教会的“守门”。

温州高铁个案

不论是克林顿与莱温斯基事件的传播还是印刷媒体早期的“革命”角色，隐藏其后的核心是信息的多极流动。

2011年7月23日发生的温州高铁事故循着和克林顿与莱温斯基事件类似的传播路径，它成为国内传统媒体“守门人”角色沦陷的一个现实案例。记者谢小红曾在《微博直播高铁脱轨：一场特大事故的“立此存照”》中详尽描写了高铁事故在公众以及传统媒体上的传播：

> “狂风暴雨后的动车这是怎么了？爬的比蜗牛还慢……”透过窗户，“Smm_苗”看到了不远处缓慢行驶的列车。2011年7月23日20：27，家住温州的这位网友发出了上述微博。
>
> 7分钟后，一场震惊全球的特大铁路事故发生在她的面前。由杭州开往福州的D3115动车被雷击后失去动力停车，遭到同方向行驶的D301动车追尾——16节车厢脱轨，其中4节从20多米高的桥上坠落。
>
> “求救！动车D301现在脱轨在距离温州南站不远处！现在车厢里孩子的哭声一片！没有一个工作人员出来！”这是事故发生后的第一条微博，由“羊圈圈羊”于20：47发出。没有电脑，是手机帮了她的忙。之后的10小时里，这条微博被转发了超过十万次。
>
> 对这场灭顶之灾的关注迅速覆盖了其他网络热点，包括潜逃

12年的赖昌星被遣送回国的新闻。（对克林顿莱温斯基丑闻的关注也超过对戴安娜王妃遇难的关注）

21：00开始，微博上的求救声铺天盖地。一些高级官员加入其中——包括浙江省副省长郑继伟和浙江省委常委、组织部长蔡奇。

郑继伟事发后两小时发出微博："省卫生厅厅长带领三支医疗队已启程赶赴温州。"蔡奇在播报了此事后，又"@"了浙江省卫生厅："密切关注这起脱轨事故！请浙江卫生（浙江卫生厅）帮助。"

在随后的4个小时里，浙江省卫生厅官方微博陆续发出7条微博，介绍救援工作进展。卫生厅同时"@"了郑继伟，确保这位副省长能了解他们的一举一动。

"温州血库告急"的消息也在24日凌晨遍及网络。卫生厅在官方微博上求援，蔡奇被一名网友"@"后，也获悉此事。他在10分钟后转发了这条微博："请温州市同学献爱心。"而在这位组织部长号召献血的同时，一张市民在温州血库中心排长龙献血的照片被传上微博——队伍一直延伸到大厅门外。

郑继伟则转发了另一张温州血液中心人头攒动的照片，并以"鲜花"致敬。

凌晨一点，又有人将温州市区交通拥堵的照片上传到微博。这张照片看不见人影，只有无数闪烁的车灯，与上下班高峰路段堵车的照片无异。对应的文字解说是："因为血库告急，温州的广大市民自发自驾前来献血导致'交通拥堵'的壮观场面！"在12小时内，它被转载了超过17万次。

24日上午，第一阶段的救援工作已渐接近尾声，最初发出求救信号的"羊圈圈羊"也已平安。此时，微博的关注开始分流：一部分网友转为关注温州市民献血救助被送入医院的伤者，另一部分人则死盯现场。在直播救援的过程中，一条主题为"埋葬机密"的带图微博被疯狂转发——七八辆挖土机抵达事故现场，刨出了几个直径10米左右大坑，并对车厢破拆、碾压后推入坑中掩埋……

一条针对将车厢推倒掩埋的微博招致疯转："凌晨4点，央视新闻说现场没有生命体征了。5点，发现一名幸存者。7点，央视新闻说反复搜救没有生命体征了，现场开始切割车体、把直立的车厢推倒……下午5点，又发现一名幸存者。"一小时内，该微博被转发5 000次以上，"没有生命体征"迅速蹿红网络。微博红人"不加V"道："我没生命体征了，得下楼吃饭去。"

与此同时，另一群人仍在微博上疯狂地寻找他们的亲友。如同那些关注被拐卖孩子的微博一样，这是在整个事故中被转发频率最高的内容。一条"黑丝带"也被转发了近10万次，帖子的原创者写道："为温州动车脱轨死难的死者致哀！"

24日，也就是在事故发生的次日，传统媒体终于得以介入这期突发事件。几乎所有的都市报都在封面上刊登了这一消息。而微博又把平媒的报道变成了一个热点，有网友将五十多家都市报的封面集纳起来做成一张图片，这与"主流媒体"们的头版形成了对比——那些大报似乎更关注有6人晋升解放军上将的新闻。[18]

…………

温州高铁事故从微博向传统媒体的演进及其后来的发展进程显示，这则特定新闻的议程设置已经不再由传统主流媒体主导。公众通过多重大门接触到新闻事件，同时通过多种阵地表达观点、关注事件进程，从而对事件的走向产生影响。当"非主流"的声音形成规模，和西方媒体对克林顿与莱温斯基性丑闻的报道一样，许多传统主流媒体不得不通过网络寻找最新的进展和热点。

某种程度上，网络人际传播的力量显示出传统媒体难以企及的影响力。基于网络受众庞大的参与基数与网络传播的快捷，高铁事故迅速压倒其他新闻事件，成为彼时风头最强劲的"沸点"新闻。而其他原本的新闻"热点"，如赖昌星回国事件，则立时相形见绌，显得火候不够。这种情

The New York Times

Sunday, July 24, 2011 Last Update: 12:54 PM ET

Train Wreck in China Raises Questions of Safety

Zhaoyun/European Pressphoto Agency

Workers sorted through the wreckage of train carriages which had fallen off a bridge in Wenzhou, east China's Zhejiang province on Sunday. At least 35 people were killed and 210 injured.

By IAN JOHNSON

Published: July 24, 2011

The sense that transparency and safety is secondary to other concerns was present in many Weibo postings Sunday. One blogger in particular posted an eloquent appeal for more care and caution in China's rapid development:

"China, please stop your flying pace, wait for your people, wait for your soul, wait for your morality, wait for your conscience! Don't let the train run out off track, don't let the bridges collapse, don't let the roads become traps, don't let houses become ruins. Walk slowly, allowing every life to have freedom and dignity. No one should be left behind by our era."

Edy Yin contributed research.

Connect with The New York Times on Facebook.

温州高铁事故引发广泛关注。图为2011年7月24日《纽约时报》对温州高铁事故的报道（图8）

形，我们在克林顿与莱温斯基性丑闻的传播过程中也曾见过。总统性丑闻本身题材的高度敏感，加上网络“野路子”式的爆料又为主流媒体坐实，诸多因素叠加，令人们对克林顿与莱温斯基性丑闻的关注超越了包括对戴安娜王妃车祸在内的其他任何新闻题材的关注。

不论是高铁事故，还是其后的郭美美炫富引发红十字会信任危机，以及“表哥”“房叔”“房婶”各路艳照门等新闻事件，随着网络的民用越来越广泛、越来越深入，越来越多的重大社会事件开始借由网络进入公众视野，发展成为网络舆情事件，对公共治理形成强大压力，并最终改变事件的走向，甚或得到解决。

上海交通大学舆情研究室发布的2012年舆情蓝皮书《中国社会舆情与危机管理报告（2012）》揭示，在报纸、网络新闻和微博这三大主要曝光渠道中，微博的表现最为突出，已经从2010年的9.3%飙升至20.3%。

近年来，随着移动网络日趋成熟，随着智能手机出货量的爆长，基于移动终端的微信的用户不断增加，其影响力甚至已经超越微博。

不管哪一种方式，不论哪一条通道，更值得注意的是这种曲线突破传统主流媒体“守门”的路径。

比如说，2010年底，突尼斯一名街头小贩抗议城市警察的粗暴对待，自焚身亡，意外引发了突尼斯人大规模的抗议风潮，并在阿拉伯各国引起连锁反应。阿拉伯世界的革命风潮固然有其深刻的社会根源，但新媒体技术在革命中所起的作用也是非常关键的，有学者甚至将其称为“推特革命”。[19]

“主流传统媒体极力想要在新的传播环境中继续扮演自己的传统角色，结果却发现，新闻议程的设置者已经不再是自己。尽管他们也努力适应新的游戏规则，如不断模仿新生竞争对手的形式，采用他们的内容，然而，在这个新的传播环境中，以往适用的传播法则已然统统失效。在信息的多极传播中，他们只是议程设置的其中一员。”[20]西方学者对主流传统媒体在克林顿与莱温斯基性丑闻中传播角色的评价，同样适用于温州高铁事故。

美国著名媒体批评家强·凯兹曾经这样表述：“报纸也许需要扭转他们长久以来秉持的优势心理，他们要意识到电子时代，每个人可能会得到比他们提供的更有冲击力、更快的新闻。最后，他们应当接受的是，他们想告诉我们的，第一次没那么重要。”[21]

网络难以设障的“野路子”式的新闻爆料对于传统媒体而言，是他们捍卫旧有新闻世界的梦魇。

拒绝它，你便失去了新世界；接受它，你便失去了旧世界。

第3章 网络真面目：从2.0到3.0

对于传统媒体来说，不得不接受的一个残酷事实是——传统意义的“内容为王”已经淡去，或者至少在这个阶段，已经褪却铅华。

技术在侵蚀传统媒体领地的同时，也在侵入人们的生活。

传统媒体曾经上升到职业道德与荣誉的“守门”，在技术年代被新一轮技术精英更新换代，披上技术的面纱，以“过滤器”“个性化”的面目呈现。

扎克伯格被“嘘”

网络，这种信息多极流动、参与者广泛的传播到底是如何展开，又呈现出什么样的特点呢?

越来越多的人在谈到网络传播时会提到“互动”两个字。实际上，当你感受到网络的“互动”时，网络已经经历了从1.0时代到2.0时代的转变。

1990年代，因特网进入民用。当时的美国报纸开始大量推出网络版，报纸以外的内容供应商也开始出现在网络。对于读者来说，网络令他们一夜间接触到大量的信息，但是客观上缺乏一种对信息有效整合的渠道。1990年代后期，门户网站在美国开始出现，其中的典型代表是Yahoo和Excite。门户网站根植于搜索引擎或者内容整合商。他们通过整合新闻信息吸引大量的读者，同时向他们提供搜索、邮件、购物、聊天等一系列附加服务。作为回报，门户网站则通过广告或其他交易，从读者资源中受益。[1]

以门户网站为典型代表的网络时代被学界称为web 1.0时代，这个时代的重要特点是内容整合。国内早期门户网站的典型代表是早期的搜狐、新浪、263等。想想这些当时炙手可热的网站，你可能会对1.0有更清晰的认识。

根据百度百科，2004年，O'Reilly媒体公司的副总裁戴尔·多尔蒂第一次提出web2.0这个术语，但是并没有给它一个清晰的定义。业界和学界也始终处于争论，一些人认为2.0本身只是一个概念。但大多数观点认为，2.0正被广泛地运用于我们的生活，2.0时代的核心特点是互动。

微博、RSS（可以帮助你搜集、定制新闻的工具，如已经关闭的

Google Reader）、百科全书（Wiki）、网摘 、社会网络（SNS）、P2P、即时信息（IM）等都可以被视为web 2.0的现实运用。观察它们，你也许可以更清晰地了解，为什么“互动”被认为是web 2.0的核心特征。

也有人这样通俗地作比：web 1.0就好比是图书馆。你可以把它当做信息来源使用，但是无法以任何方式添加或改动信息。web 2.0则像是一个庞大的朋友和熟人圈子。虽然你仍可以用它来获得信息，但更重要的是可以参与到会话中，让会话变成一种更丰富的体验。[2]

从传播学的角度看，我们也许可以这样理解：web 1.0提供了巨量的新闻，改变了新闻的供求关系；而web 2.0则更彻底地改写了一点对多点的传统传播路径，带来信息的双向以至多向流动。

当单极传播转向多极传播，信息间的“互动”到底意味着什么呢？

马克·扎克伯格与莎拉·莱西在2008年西南偏南大会上（SXSW）（South be Southwest Interactive Conference）的一次采访式对话也许可以让我们对网络的“互动”有更深层次的了解。

这次专访被称为“西南偏南历史上最为臭名昭著的一次听众‘反叛’事件”。[3]在这次事件中，由于两位“演讲者”十分不成功的“演讲”，导致听众通过推特在演讲者眼皮底下群体叛逃。但是，也正是因为这件事情在美国引起的巨大反响，推特的力量一夜之间天下闻名，吸引了越来越多的人加入其中。

SXSW是不少科技人和音乐人的朝圣之地（图9）

每年在美国得克萨斯州奥斯汀举办的西南偏南是一系列电影、交互式媒体和音乐的艺术节，被不少科技人和音乐人视为“朝圣大会”。西南偏南一直倡导的大会文化是鼓励与会者对参展的新科技、新产品做出实时反馈。例如2009年的西南偏南大会上，一位参加小组讨论的女观众感到组织者准备的话题与她感兴趣的方向不一致，干脆直接走上讲台，想要扭转小组讨论的话题。再如推特的第一次流行就是始于2007年的西南偏南。当时，会场摆放的推特直播大屏幕，吸引了大批观众围观和尝新。随着观众影响力和号召力的扩散，推特在西南偏南上一炮而红。

总之，大会组织者致力于为参会者提供一种可以即时发表意见的机制。这种机制不仅鼓励观众现场提问，还鼓励人们通过数字化的暗道（blackchannels）即时发表意见。[4]

在扎克伯格接受莱西采访的2008年大会上，组织者将小组会的正式讨论放在了一个第三方的聊天网站Meebo上，创造出一个类似网上公开论坛的环境，让人们可以把意见直接贴在网上。2008年的西南偏南大会上，还有不少参会者已经开始使用推特。因为推特类似口头聊天，并能与手机、电脑与社交网站互联，很多参会者更喜欢把推特作为一个非官方的暗道，寻找志同道合者或者即时发表自己的意见。

这种读者反馈的环境正是扎克伯格与莱西访问发生的大背景。

在这次访问的前两天，《福布斯》刚刚公布了2008年全球富豪排行榜。年仅23岁的扎克伯格成为这张榜单上最年轻的亿万富翁。莱西显然认为，扎克伯格“最年轻亿万富翁”的头衔肯定是听众最感兴趣的话题。事实上，也许从大众的眼光看，这个“花边”可能的确是他们十分感兴趣的一个话题。

因此扎克伯格的“财富”成了莱西访问的重点。她不断追问扎克伯格有关Facebook价值及他入选《福布斯》“最年轻亿万富翁”称号等问题，还就Facebook要不要做社会慈善花了不少时间。但是，莱西犯下的一个严重错误在于，她忘了这场访问发生在西南偏南——这是一个科技发烧者和软件开发商聚集的地方，和“钱”相比，人们更在乎的是“新科技”。[5]

扎克伯格在2008年的SXSW上接受莱西的访问（图10）

采访在一个大厅里举行，在同一时间，大会几乎没有安排其他的任何活动，大量参加西南偏南的听众涌入大厅想要听一听扎克伯格这位科技神人的高见。然而，两人的采访很快惹恼了听众。莱西的眼睛“紧盯”着扎克伯格的荷包，丝毫没有问到现场观众最关心的Facebook下阶段技术走向等要害问题，甚至不断粗暴插话，缺乏风度；而扎克伯格也好不了多少，他没有扭转一直以来留给外界的“不善言辞”的印象，在采访中一而再，再而三地重复着“共鸣”（empathy）、“有效传播”（communicate effectively）等词语。[6]

尽管没有发生听众走上讲台抗议的极端个案，但人们开始纷纷倒戈。大家不约而同地在手提电脑、手机上，通过推特发表对两人采访的看法，将不满的声音从场内一直传向场外。

辛克雷发现，关于扎克伯格和莱西的采访，人们在2008年3月9日下午3点到4时11分，通过推特共发布了3 562条信息。[7]

推特上已经炸开了锅，可扎克伯格和莱西依旧懵然无知，丝毫还没有意识到来自“暗道”的滚滚洪流。直到一位现场听众再也无法忍受，向台上的莱西大喊“访问实在糟糕透了”，两人才恍然大悟。莱西明显不知所措，很快举手投降，将话语权交给观众，在最后的结束环节花了几分钟时间，让观众自己向扎克伯格提问。

《财富》杂志把这场在演讲者眼皮底下发生的听众“反叛串联”定性为Conference 2.0。一些西方学者则将此作为分析网络传播的一个经典案例。

分析这场采访，约翰·琼斯认为，扎克伯格和莱西就像两位“演讲者”，正在进行一场传统的口头演讲，但这同时也是一场通过电子设备向外实时传播的演讲。[8]莱西的角色类似于传统的“守门人”。“守门人”预先设定好话题，而后主导着内容按照预先的设计向前发展。这应该是最正常的传播路径，然而，推特的出现成为最大的黑马。

推特这种社交媒体在技术上令几千人甚至更多人在极短的时间里相互分享观点成为现实，你可以在参加演讲的同时，即时发表自己的观点。你也可以将观点“@”给其他人，或者通过推特的“#”功能，检索出所有与主题相关的发言。

基于“演讲者”与“听众”的这种态势，“听众”很快发现心目中的热点与“守门人”的热点存在落差，于是开始表达不满并串联。

这个时候，最好的做法显然是“回应”。但是，扎克伯格和莱西明显忽视了“暗道”的声音。由于未能及时对社交媒体上的听众声音进行反馈，他们的沉默强化了“我们俩对你们大家”的心态。听众转而通过社交媒体表达更大不满。

当现场评论传播出去，那些没有参加大会，但是正在通过推特跟进这件事情的读者很快受到影响。尽管也有人对两人的采访表示支持，但是正面的评论很快就被淹没在负面评论的汪洋大海。[9]

某种层面上，西南偏南上的这场“对话”与早期的希腊公众演讲十分相似。早期，人们通过公众演讲或公众讨论探讨社会事务。从西南偏南这场“对话”中演讲者与听众间话语权的博弈、转变，我们已经可以隐隐看到“对话”向早期的公众讨论回归。

辛克雷也注意到，网络时代的“对话”正在改变原有的传播态势。以扎克伯格与莱西事件为例，他认为，传统传播中的“说服游戏”以单方面的说服为主要特征，而以推特为代表的社交媒体实质是一种依托网络科技的新型公众论坛，其中的传播“以社交媒体里的说服与反说服为特征”。[10]

值得注意的是，与希腊时期的“口头演讲”相比，网络的“开放性演讲”表现出更多的新技术的特点，呈现出多种传播手段融合的新趋势。

一方面，网上发言甚至比同步进行的采访更快、更直白，因此这种意见的表达呈现出口语特点或者“原生态对话”（raw conversation）的特点，因此更可被视为是对事件的真实记录。另一方面，由于推特允许人们在140个字以内发表意见，这又为这种依托于社交媒体的传播带来书面传播相对更为注重逻辑的特点。

按照约翰·琼斯的说法，这种新型社交媒体传播的特点是——在依托网络科技的同时，“将书面交流与口语交流融于一体，并为其附加了即时性”。[11]

将视线放回中国，你会发现，扎克伯格与莱西采访中，“观众”间的相互“串联”在中国也能找到现实翻版。比如在两会报道期间，与推特功能相似的微信成为很多代表互相联系的工具，不少记者也开始利用微信查找周围的采访对象。虽然还没有上演“观众”针对某一特定主题的大规模吐槽，但扎克伯格与莱西的前车之鉴暗示着这种可能的理论存在。

扎克伯格接受莱西访问的个案对于传统媒体而言，也许可以让他们更好地反思网络的本质。至少在扎克伯格与莱西的个案上，网络更多地体现为一个开放的公众论坛。基于这种论坛角色，“对话”而非单纯地“守门”可能是媒体与受众之间更为理想的状态。

重塑报业与受众之间的“对话”角色，而非“守门”角色，这在西方国家也开始被一些业内人士慢慢认识。

比如《新闻与观察》新媒体主任斯克努比耶曾经这样描述理想中的报业与受众的互动对话。“如果能够有效运用的话，网络可以改写静态的信息，不论是文章还是广告，将它们转化成实时的互动——在信息源与采编部门之间，在采编部门与读者之间，同时也在读者和广告商之间。”[12]他认为，互动可以粘合报业与读者之间的关系。

再如乔治亚大学新闻学教授赫兰德也主张报纸应加强与读者互动。

他认为，互动可以强化社群，令报业重新夺回其在社区论坛中的地位。他的观点是：人们可以轻而易举地找到自己想要的信息，但是，报纸可以在网上创造一个地方，让社群中的人们相互交流，在那里争论观点、讨论政策、解决问题。同时通过这种方式，报纸可以实现自身的差异化。[13]

另一种可资借鉴的观点是：报纸可以利用网络工具成为“公众讨论的助推器”。[14]由此，网络对于报纸而言的意义在于提升自己在网络讨论中的角色，而这种角色已经不仅仅局限于过去的读者来信。不过，这同时也意味着内容的重大调整。因为这意味着，编辑和记者不能再仅仅满足于发布新闻，而更要致力于媒体与公众的对话过程。[15]

Web3.0时代

Web 2.0带来信息的多极互动，但不少学者认为，web 2.0还只是网络的过渡阶段，未来的网络将是3.0时代。

到底什么是web 3.0?

在谷歌上输入“手机”，0.25秒内，你可以得到712 000 000个搜索结果。可是，你想要的只是有人告诉你，哪一款手机最适合你。

Web 3.0的功效正在于此。在web 1.0时代和2.0时代，你需要通过“关键词”搜索到各种与关键词相关的数据，而后自己进行筛选。而web 3.0时代，浏览器可以帮你作出选择，直接给出方案。许多互联网专家认为，

个人与电脑的对话
（图11）

web 3.0浏览器可充当私人助理。当你在网上搜索时，浏览器会逐渐了解你的兴趣偏好，从而为你提出个性化的答案。你越是经常使用互联网，浏览器就越了解你，便越有可能帮你得出满意的答案。

比如你向浏览器提问："我该买什么样的手机？"浏览器会查阅你的各项网上活动记录，检测各项有可能影响你购买手机的因素：你是否关注手机幅射？你是否喜欢上传图片或录影？你是否使用移动上网？移动上网的频率、流量是多少？你是否反感苹果机？你是否喜欢国产品牌？你的颜色偏好……

浏览器综合各项"你"与"手机"关联的数据，最后生成最符合"你的"兴趣偏好的答案。

尽管web 3.0被很多人认为还只是一种概念，甚至连它的定义都还处于争议状态，但暗含3.0的运用已经开始在人们生活中展露头角。

比如世界上最大的流媒体（在线视频）播放服务商Netflix。这家公司成立于1997年，2002年在纳斯达克挂牌。根据百度百科，Netflix已经连续五次被评为"顾客最满意的网站"。2011年，Google的CEO埃里克·施密特在爱丁堡国际电视节上曾经专门以Netflix为例，称"网络，基于算法和编辑技巧，可以根据客户的需要和喜好，个性化的定制推荐菜单"，"Netflix上约60%的租赁是基于算法生成的推荐"。[16]

最近走红的美剧《纸牌屋》是Netflix另一个成功的案例。这是一部通过大数据捧火的片子。很多人分析认为，《纸牌屋》的成功得益于Netflix海量的用户数据积累和分析。换个角度看，这就好比无数的观众提出同一个问题——"什么电影最符合我的口味？""能不能给我一部好看的电影？"接到这个问题的Netflix立刻通过自己的海量数据库进行分析。比如，通过分析，它发现用户很喜欢《芬奇》的导演（同时也是《社交网络》《七宗罪》的导演），也发现斯贝西主演的片子表现不错，还发现英剧版的《纸牌屋》很受欢迎。于是Netflix将所有这些要素组合在一起，最终催生出美版的《纸牌屋》。[17]

2014年2月14日《纽约时报》头版刊登了专栏作家克莱尔·凯恩·米勒

一篇关于谷歌的社交媒体——“Google+”的文章。这篇文章也可以帮助我们更好地理解web 3.0的力量。

文章称，Google+人气实在不旺，堪称“鬼城”，人们寻找朋友信息或上传自己的行踪通常更愿意选择Facebook，而不是Google+。[18]

可是一些学者却认为，Google+是谷歌未来的核心。为什么会这样呢？原因很简单。Google+就像一面棱镜令谷歌对人们的数字生活了如指掌。只要你注册了Google+，它就会成为你使用所有谷歌产品时的账号，不论是Gmail还是YouTube，抑或是谷歌地图。即使你从不在Google的社交圈里混，通过Google+，谷歌还是能清楚地知道你是谁、你在使用那些服务，你在网上干了些什么。

换言之，在Google+发布之前，谷歌可能还并不清楚你就是那个又在Gmail上收了邮件，又在YouTube上上传了文件，并且用谷歌地图搜索了电影院的人。但是Google+将所有的信息串联起来，同时也意味着，谷歌可以建立一个基于你的兴趣偏好的数据库。

Google+因为人气不旺在国外成为被人嘲笑的对象。
下图为嘲笑Google+是鬼城的漫画（图12）

克莱尔·凯恩·米勒认为，Google+实际上直到2013年才开始被日渐重视。因为这个时候，谷歌最主要的利润来源——搜索广告业务出现了下滑。广告商不再简单地对用户在网上搜索什么感兴趣，他们开始更深入地关心用户在网络上谈论什么、分享什么。

举例来说，广告客户以往聚焦于对消费者的广义的假设性分类，比如，观看运动比赛的女性。但是，假如广告客户可以对消费者有更详尽的了解，他们显然能够更精准地知道消费者的需求。比如那个观看运动比赛的女性客户，是某位女性橄榄球迷，同时也是位喜欢看恐怖片的妈妈，她还准备买个房子。

基于3.0理念的运用还有很多。比如国内知名媒体人牛文文2014年年初在一篇文章里曾提到他在美国观看NBA时观察到的一种新风向—— 一种基于粉丝管理的软件。这种基于手机端的粉丝管理软件，就是在1万人或者1000人进场时，在开场前5分钟，瞬间根据这些人的消费习惯以及你今天是跟谁来的，根据前排的空座情况等，奖励现场的那些值得奖励的人坐前面的空座。比如说谁在过生日，然后把他调到前排来等等。这种粉丝管理软件基于移动互联网，据说能够帮助NBA提高30%的收益。[19]

在国内，3.0的运用已经体现在广告上，人们为它冠上了“精准营销”的名号，其实质是通过对消费者浏览行为和观看行为的分析，帮助广告主推送精准有效且受消费者喜欢的广告。国内证券界的朋友告诉我，“精准营销”的概念2013年就已经在国内火过一阵。

什么是精准营销呢？业内人士曾经这样描述：“比如我在微博上，刚刚参与了一个车商组织的微访谈，那么当系统检测到这个流量时，配合我在过去一个月看过可能某个品牌的车相关的网页，那么可以基本判断我对购车有兴趣。在这个基础上，我们就可以提供给汽车广告投放者更有针对性的投放对象，帮助他们提升投放的精准度和最终效果。”[20]

看到这里，你可能对web 3.0有了一些直观的认识。这里还需要补充的是，web 3.0与语义网（semantic web）密切相关。

按照维基百科，语义网是由万维网联盟的蒂姆·伯纳斯-李在1998年提出的一个概念，它的核心是：通过给万维网上的文档（如: HTML）添加能够被计算机所理解的语义（meta data），从而使整个互联网成为一个通用的信息交换媒介。

关于语义网，本文不做赘述，但通俗地说，语义网主张的是让信息与信息关联并产生关系，从而产生价值。语义网认为，网上一个又一个的数据都是有意义的信息碎片。通过梳理这种信息碎片之间的关联，可以找到它们与个人的关系，从而产生价值。至于如何将信息与信息间的关系串联起来，这恐怕就是技术天才的活儿了。也就是说，未来的你可能吃到的是一盘中式料理还是意大利粉，很大程度上要取决于技术天才的脑袋走向了哪里。

对web 3.0和语义网，西方很多人认为，基于这一概念，可能延伸出网络的未来面貌。但也有学者，比如社会媒体理论家克莱·舍基（他也是纽约大学研究生电讯互动项目的兼职教授）认为，这种理论到最后甚至可能演变成智能机器与人的竞争，某种意义上回归到西方哲学一直探讨的最深层问题：个人之于世界有意义，还是世界之于个人有意义。[21]再比如，埃尔韦·菲舍尔更加宿命论地提出：生命就是一本书或者一部用基因密码编辑的程序，而世界就是一个软件应用，上帝就是最伟大的编程者。[22]

总之，web 3.0仍然在演进之中，谁都无法预测未来的面目。但是，从信息传播的角度，web 3.0仍然给我们带来了启发。

过滤器？守门人？

如果说，web 1.0提供了巨量的新闻，改变了新闻的供求关系； web 2.0改变了传统的一点对多点的传统传播路径，带来信息的双向以至多向流动；那么，web 3.0的意义可能在于：对供大于求的过量信息带来解决方案，实质成为技术上的信息“守门人”。

如前所述，当你在网络上搜索“手机”，面临71 200 000个信息选项时，这时你已经远远不是信息匮乏，而是信息爆炸了。你的问题已经不是如何获取信息，而是如何梳理信息。

“你发现信息太多，比如邮件。你开始做标签，然后标签越来越多，你发现你需要为标签做标签了，”曾经著有《新数字秩序的革命》的哈佛大学教授大卫·温伯格这样描述他感受到的信息超载。[23]

纽约大学主修心理学和新闻专业的学生凯特·瑞曾经制作过一个关于web 3.0的纪录短片。片中以HE机房［he.net 加州（Frement）机房］为例进行过这样的换算：8 000个数据柜= 9 608兆兆字节，9 600兆兆字节=96亿本书；9 600兆兆字节=1 690个美国国会图书馆。[24]

试想一下，以个人的微薄蚁力面对1 690个庞大的图书馆，网络时代人们承受信息的超载可见一斑。人们需要某种“东西”帮他们清理掉大量的无用信息，为他们留下真正有用的信息。

Web 3.0的根本功能是通过技术（数据和算法），为人们梳理出个性化的解决方案，这种思路显然是将人们搭救出信息汪洋大海的一条通道。

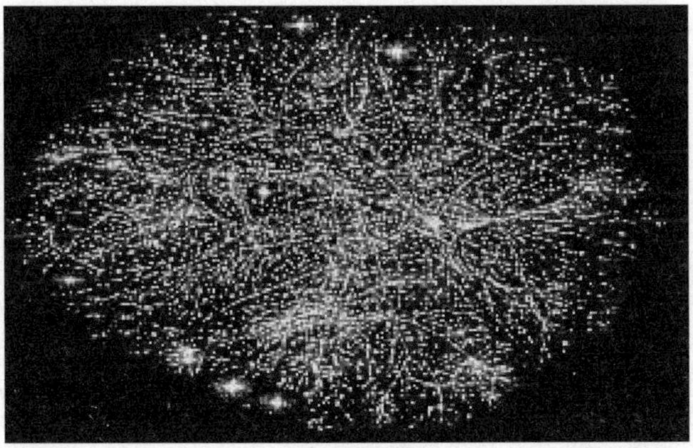

信息爆炸已经成为我们生活中不能承受之重（图13）

某种意义上，这似乎也意味着，社会责任年代，通过媒体、政治家等精英群体为公众的"守门"已经或正在让位于技术。

现实中，你可以发现，网络大佬们早已不再讳言自己的"守门"角色。2011年，当时的谷歌CEO埃里克·施密特站在爱丁堡国际电视节上，面对济济一堂的英国报纸、广播、电视等传统媒体演讲时，他毫不谦让地将谷歌称为"过滤器"（filter），并且这样为谷歌的"过滤"行为做解读[25]——

"有人害怕过滤器太窄，以致我们最终会生活在自己的偏见中。但是我不认为这种情况会发生。最好的过滤器——就像好的电视频道——在设计时总会带有偶然因素。

"如果没有某种形式的过滤器，我们就被会被大量的信息淹没。因此真正的问题在于，如果没有个性化，我们应该选择什么样的过滤器？帮你决定什么该看、什么不该看的保姆模式，还是把大量的信息随机摆放出来的摸彩桶模式？在

网络过滤成为西方国家民众日益关注的话题。图为一位意大利人抗议网络过滤（图14）

我看来，相对于个性化来说，那些备选项更加糟糕。”

技术在信息传播中正在扮演的实质性“守门”角色，这在西方已经引起不小关注。比如对于谷歌，美国联邦贸易部展开了反托拉斯调查，不过调查最后并没有找出谷歌的毛病。

脸谱也有类似经历，也曾受到政府部门的类似检查。特别在美国人斯诺登透露出美国政府的“棱镜”计划后，不少西方人开始更为注重自己在网上的隐私权。总而言之，人们不想被“把关”、被“守门”。

为什么会出现这样一幕幕“守门”与“反守门”、“围堵”与“围堵”的现实桥段？有什么可以解释网络上那些可能已经令你感到惶惑、百无禁忌的“自由”信息？回顾历史，你也许能够找到些许的慰藉。

从传播学的角度看，突破传统媒体包围圈的网络，在虚拟世界构造出来的另类传播环境，某种程度上类似于20世纪早期曾经出现于美国的“自由新闻年代”。

自由主义理论（liberalist theory）强调新闻业不受政府干预。它是以“天赋人权”为主导思想提出的理论，在资产阶级民主革命时期和资本主义社会前期的新闻学中占主导地位。这种观点主张任何人都可以不受限制地传播新闻和发表意见，在“观念的自由市场”中，通过“竞争”使正确的意见最终得到承认。

自由主义理论反映了自由竞争时期资本主义的经济利益和政治需要。美国新闻学者W.施拉姆主编的《报刊的四种理论》后来被认为是这一流派的代表作。

但是随着资本主义向垄断发展，自由主义开始令人们感到困惑。“新闻自由主义模式中，相当多的私人媒体丝毫不受约束，出版的内容极少受到限制，这种格局被当时的人们认为可以令到观点市场更加繁荣”。随之，摆在人们面前的现实是：人们并不区别新闻的大众信息与精英信息、新闻事实与新闻观点，关于社会和政治世界的“事实”并不是从报纸或小册子里出现，而是基于各种热门信息和讨论，并不断做出修正。[26]

“自由新闻理论强调新闻的广度与质量，同样重要的是，这种理论假设公众有能力、有机会以及有动力积极参与到各项公众和文化论坛中来。这种假设正如古典经济学理论所假设消费者充分理性并充分掌握各种信息一样，新闻自由理论同样假设受众不仅能自行梳理各种纷杂的信息，而且能够从中得出理性的结论。”[27]

在自由主义新闻年代之后，社会责任理论开始盛行于西方国家。社会责任理论主张有限制的新闻自由、承认政府对新闻业的干预和控制。社会责任理论的一个重要观点是，普通民众与媒体精英和政客是两个相对分离的群体。前者是易于管理的信息消费者，而后者则是信息守门人，他们代表着政治和社会建设中的公众利益。

抚古思今，当回顾完自由新闻年代向社会责任年代的转变，你会发现，网络呈现的“自由”状态及其产生的问题，在某种程度上与自由新闻年代有着诸多的类似，不论是观点的良莠不齐，抑或是信息的真假莫辨。

在自由新闻年代之后，社会责任年代通过媒体和政治家等精英群体的守门，试图为自由新闻年代产生的诸多问题寻找答案，并在历史上带来“扒粪运动”等具有现实进步意义的举措。

历史学家说，阳光底下无新事。

如果将视野拉回当下，这是否意味着，网络虚拟世界呈现的“信息自由”之后，借由精英群体的“责任”年代也将会是过往历史昭示的下一站?

就像谁也无法预测web 3.0的真实面目，未来始终是个待解之谜。

但是，你无法否认的是，技术大佬们凭借技术手段的“过滤”，本质上与社会责任年代媒体与政治精英的信息“守门”并无二致。不同的是，前者基于商业利益，后者则声称社会大义。

对于传统媒体来说，不得不接受的一个残酷事实是——传统意义的“内容为王”已经淡去，或者至少在这个阶段，已经褪却铅华。

在美国，按照尼尔森的数据，有2900万的活跃月度用户通过网络使用谷歌，同时有4100万的用户通过手机使用谷歌。脸谱则有12800万的网络用户和10 800万的手机用户。[28]

没有哪一家传统媒体有如此庞大的发行量和用户群。

技术在侵蚀传统媒体领地的同时，也在侵入人们的生活。

传统媒体曾经上升到职业道德与荣誉的“守门”，在技术年代被新一轮技术精英更新换代，披上技术的面纱，以“过滤器”“个性化”的面目呈现。

不论你是否愿意承认，或者已经模糊感到，技术已经走在，或者开始走在王者的路上。

第4章 美国报业的网络抗争

2005年，美国第二大报业集团奈特·瑞德公司的股东要求公司卖掉报纸，结束其114年的历史。这让很多美国报人开始意识到，他们的行业已经发生了实质性的转变。

这一年被美国报人视为美国报业的分水岭，如果说在此之前，人们还只是猜测或推断报业衰退，那么这个时候，摆在眼前的已经是残酷的现实。

30年前失败的“电子报纸”

20世纪七八十年代，美国报业曾经掀起一轮“新媒体”实验的热潮。典型的代表是奈特·瑞德公司的Viewtron项目以及《时代镜报》的Gateway项目。

在这场刚刚揭幕的新媒体试验大潮中，当时的美国报业不约而同地以“新媒体”领航者的姿态打响了起跑的发令枪。无论是奈特·瑞德公司，还是《时代镜报》，当时美国报业试水新科技的动机都是为了保持报业的领导地位。

奈特·瑞德的新媒体项目始于他们在1979年与美国电报电话公司研制开发出的一种系统。这种系统可以将新闻内容通过电话线传送到订户家里的终端。

视觉图文（videotext）或称浏览数据（viewdata）是这个新系统的核心，它将报纸文本与电视和电话结合起来，观众可以选择自己感兴趣的内容，从而实现信息的互动。如果与时下的技术相对比，美国人当时的这种技术很有点像国内目前正在流行的数字电视，也就是机顶盒。

1983年10月1日，经过前期的试验，这个名叫“Viewtron”的系统被正式提供给佛罗里达的居民使用。奈特·瑞德通过与一些报纸的合作向用户提供内容。比如在类似西雅图这样的地方，《西雅图时报》是地方内容的报道者，而奈特·瑞德就是技术上的合作伙伴，与报社共同分担成本和获得收益。

Viewtron的一位前新媒体主管罗杰·费德勒曾经回忆称，这个计划当时被列为奈特·瑞德的“最高机密”，项目的理念在当时十分超前，不仅普通读者，甚至记者和编辑也认为这个想法疯狂得像是“科幻小说”。[1]

奈特·瑞德1983年正式推出Viewtron项目。当时的人们通过电话接入系统，通过电视观看内容（图15）

在实践过程中，奈特·瑞德在内容以外，还基于Viewtron平台延伸出了诸如在线购物、在线银行、在线游戏等诸多服务。但是Viewtron的最大败笔是，它所依托的系统是AT&T，当时美国最大的电报电话公司。用户必须通过电报电话公司专有的视觉图文终端才能进入系统。彼时正值个人电脑向民用普及的前夜，Viewtron这个专用终端在很大程度上限制了用户的热情。不仅如此，Viewtron的普及还面临费用问题。当时，开通这个系统的费用高达600美元。奈特·瑞德后来认识到费用问题，将Viewtron的使用费用降到每月10小时39.95美元，这虽然在短时间内产生了一定效用，但是奈特·瑞德很快发现，对Viewtron感兴趣的人同时也是对电脑感兴趣的人。1986年，这项备受关注的行业性大试验以失败告终。奈特·瑞德的损失高达5 000万美元，而Viewtron总计只吸收到约2万名用户。[2]

Viewtron的人机界面（图16）

在Viewtron项目展开的同时，《时代镜报》的Gateway项目在1984年展开。此前《时代镜报》曾于1982年在洛杉矶附近的300户家庭中进行过小范围的试验。但遗憾的是，市场未能复制试验的成功。[3]

《时代镜报》对这个项目寄予了很高的希望，专门成立了一家60名员工的独立公司运作这个项目。[4]《时代镜报》在展开Gateway项目时，其《洛杉矶时报》的主席怀特曾经这样表述："我们必须保持我们在本地市场作为信息提供者的领先地位……我们不能在想清楚未来如何利用自己的资源以前，让别人先来利用我们的数据库。"[5]

但是《时代镜报》遇到了与Viewtron同样的技术瓶颈——早期的Gateway用户需要通过电视来展示内容，而用户们抱怨摇控器键盘布局很怪以及很难接入系统。

1985年年中，看到个人电脑兴起的热潮，《时代镜报》决定舍弃Gateway的电视界面，转而借助另一种以电脑为基础的设备。但是，这时候用户已经对Gateway早期诸如接入困难、速度太慢、检索复杂等弊病感到厌倦，Gateway 的用户不断流失，最高时一个月的用户流失达60%。

1986年，《时代镜报》最终停止了这个项目，这时Gateway的订阅用户只剩下2 000人。和奈特·瑞德一样，《时代镜报》同样损失了5 000万美元。[6]

1986年对于美国报业来说，是相当灰暗的一年。人们想知道为什么报业耗费1亿美元巨资的试验最终会以失败告终。

有人将失败归结为技术原因。两项试验的技术核心Videotext 虽然是当时的顶尖科技，但仍然看不到明确的未来，是不能实现真实互动的"过渡性科技"（interim technology）。同时，视觉图文技术的核心仍是以文本为基础，这也意味着竞争的关键依然停留在印刷媒体的竞争。[7]

也有人认为，报业的思路存在问题。

"失败的原因之一是，尽管这种系统被想象成一种电子报纸，但其实它跟报纸已经有很大不同。"美国可视数据公司前任首席执行官里德·阿瑟分析。北加利福利亚大学新闻学教授菲尔·迈耶早前曾担任Viewtron的市场研究主任。他进一步分析："我们的失败在于，还没有跳出报纸的思维定式。在我们的意识中，报纸就是中心主机，电话线就是传输通道。我们从没有预想到网络这样免费又开放的事物，或者从来没有预想到可能根本不存在主机。"[8]

尽管失败，但是这一时期美国报业的可贵尝试已经开始折射出基于新技术的读者特点。数据显示，Viewtron订阅用户在系统中80%的时间是用来"互动"，如接收邮件、公告板、学习指导等，而不是浏览新闻。[9]

Viewtron早期的试验成果在18年后得到印证。2004年，皮尤中心的一份报告显示，2004年美国人的上网活动主要包括，发送邮件（93%），利用搜索引擎搜索信息（84%），了解出行信息（73%），看新闻（72%），发送信息（42%），在线听音乐（34%），下载音乐（20%）[10]

但是，对于1980年代的美国媒体来说，也正是读者呈现的这种新特点为报业带来商业模式的混乱。Viewtron一位前教育编辑这样说："Viewtron 80%的预算用在了新闻制作，但是新闻只能为它带来20%的收入。奈特·瑞德最后意识到，Viewtron已经不是一个新闻媒体，而他们想要继续做一家新闻公司。"Viewtron的首席执行官艾希后来也承认，这的确是Viewtron被结束的一个重要原因。"我们越想要接近利润，就越会发现它已经不是一家报纸。"[11]

回顾这一时期美国报业的新媒体试验，凯斯·L. 赫恩登总结称："那时的Viewtron缔造者看到消费者潜在的一系列需求：教育、旅游服务、银行、在线购物、在线游戏等等。这些都在Viewtron的平台上得到大力推广，但是这本质上却令Viewtron成为展示网络互动性的平台。而从感情上来说，奈特·瑞德不可能剥离Viewtron根植于报纸的新闻主业。"[12]

不论是奈特·瑞德还是《时代镜报》，这一时期的美国报业普遍以一种开放的心态准备迎接新技术。如《洛杉矶时报》的主席怀特所说，行业普遍认为——做总比不做好：

"我们站在电子信息传播的门槛。对包括报纸在内的一些人来说，一方面可能蕴藏着无穷的机遇，但另一方面也可能意味着极大的风险，如果我们走错的话。但我认为，即便做错，也会比什么都不做好。”[13]

但是，新技术可能带来的崭新面目超越了报业的想象。他们不仅无法接受读者产生的新变化，也无法想象一份没有“报纸”的报纸。

互联网前夜的“盟友”策略

1990年代早期，个人电脑在美国已经大量普及。与此同时，美国报业开始出现发行下降和广告收入下滑。当时，华尔街主流观点开始认为，电子化竞争将蚕食掉报纸的广告，特别是在报纸占有绝对控制的分类广告。

为了应对不确定的明天，报业祭出了各种手段：

第一种方法是竭力拯救现有的报纸。这种办法实际上是通过采编自身的调整以更加适应读者的口味，比如强调短新闻，更多图表、彩色图片，等等。甘乃特公司的“新闻2000”就属于这一范畴。这个计划强调对社区事务的报道，实际上是希望通过对内容的重新定位来增加可读性。

第二种办法是“跳出纸报”。典型的代表是奈特·瑞德公司当时投资的一项带有触摸功能的电子平板。后来有人将这项研究与苹果推出的iPad相比，认为它是“2010年发行的iPad的1994疯狂预告版”，比苹果足足超前了15年。[14]也因为如此，后来在iPad推出的时候，一些厂家比如三星翻出1994年奈特·瑞德试验的电子平板，认为苹果的iPad实际上是对1994年报业首创电子平板的明显改进。

而据奈特·瑞德当时负责电子平板项目的罗杰·菲德勒回忆，20世纪90年代，奈特·瑞德在科罗拉多州的媒体实验室开展电子平板的研究。当时苹果作为奈特·瑞德的合作方，曾看过他的平板电脑设计理论和原型机。

但是很遗憾，那个时候的美国报人仍然无法想象一个没有纸质报纸的年代，电子平板的概念看起来更像是科幻小说；同时，奈特·瑞德的电子

2010年的iPad（左）与奈特·瑞德1994年研制的电子平板（右）对比。看上去，你是否觉得眼熟？（图17）

平板概念本身也受制于当时的技术瓶颈。

第三种办法是一批美国著名报纸推出的“报纸教育工程”（Newspaper in Education）以期长线培养年轻一代的报纸读者。这个办法早前实际已经推出，但是在1990年代才真正形成规模。报纸培养大中小学生阅读报纸习惯的做法各有不同。如《纽约时报》专门成立了“下一代部”，编印适合青少年阅读的材料随报一起免费赠送给学校；《华尔街日报》则定期出版课堂版和教师辅导指南，随报免费发往全国4 500所高级中学；《华盛顿邮报》平日刊中专门出版面向小学生的报中报“儿童邮报（KIDS POST）”。[15]

第四种方法是强化报纸的电子版。在1990年代个人电脑开始普及的大背景下，这种方法成为1990年代早期不少报纸改革的主流方向。

需要特别指出的是，在这个时期美国报业的新媒体探索中，技术很大程度上影响着人们在未知世界的摸索。

1990年代，尽管个人电脑开始普及，但是，网络技术仍然还只停留在互联网时代的前夜，所谓的“网络”并不是我们今天意义的互联网，“信息高速公路”的概念更确切地说也还只是个美好的愿景。这一阶段的“网络”更确切地说是“网上信息服务”——专业的在线服务公司建立专用网络，实质上就是虚拟的资料库，提供新闻、气象预报、银行服务、购物、股票、飞机订票、个人电子邮件甚至聊天室等服务。这些在线服务公司，如AOL、CompuServe、Prodigy、EarthLink等纷纷推出按分钟收费的上网服务。你付的钱越多，使用网络的时间就越长。网络接入方式和速度这时也受到很大的限制。比如，在当时的技术条件下，用户通过电话拨号上网，连接网络的调制解调器的最快速度是56K，网上操作靠程序性的标准指令。[16]

这个时期，另一个需要考量的大背景是：十年前Viewtron 的教训这时候仍然历历在目，这在很大程度上影响了美国报业在电子信息上的推进。一些怀疑派的报业管理层常常引用Viewtron的例子，认为电子化尝试对报纸来说就是一场商业灾难。

因为Viewtron与Gateway两个项目的失败，这时候的美国报纸已经不再愿意独力大手笔向网络投资。凯斯·L. 赫恩登指出，Viewtron项目的损失对于当时的奈特·瑞德来说，其实根本就是“九牛一毛”，但是当时保守的美国报业不能容忍任何失败。因此，随着年月的推进，人们没有记住Vierwtron试验带来的可贵经验，反而牢记了试验的失败。

因此，虽然从1990年代早期开始，一些美国报纸就已经开始在网上发布文字信息，但是这些报纸不约而同通过一种可以控制成本投入的“参与式”手段来应对新的时代竞争，减少自身风险。深受他们喜欢的一种架构是：由专业在线服务商（proprietary online services）管理技术性基础设施，报业公司提供内容，同时享有广告分成。

截至1994年底，美国上网的报纸已经达到几十家。（当时，全世界的上网报纸也不超过100家。）[17]波日科夫斯基对1992—1994年的美国报纸进行研究发现，大多数电子报纸或在线报纸与专业在线服务商关联密切。[18]当时，大的专业在线服务商往往同时与几家报业达成伙伴关系。比如，和AOL合作的报纸就包括论坛报业集团、《纽约时报》以及奈特·瑞德旗下的《圣荷西水星报》。

对于这种“参与”的策略，当时大多数美国报纸视之为审慎可行的手段。如当时《洛杉矶时报》的一位管理层曾经这样描述——如果未来所谓的信息高速公路情况好的话，我们就深入到其中；如果情况不好的话，这些（参与的）项目也可以减缓我们可能受到的冲击。[19]

再如，论坛报业集团的一位高层也曾表态："我们作为报业公司的角色不是科技开发，而是把别人已经开发的技术拿过来，更好地运用。"[20]

如何选择合作伙伴，令这一时期的美国报业相当头疼：是应该选择一家提供常规广告模式的公司呢，还是一家技术上可能站在最前沿的公司？是应该从成本支出的角度考虑，还是着眼于未来的潜在可能收益？是该与一家电脑行业的公司联手，还是选择一家全球知名媒体公司旗下的企业？

当时的美国报业到底处于怎样痛苦的选择呢？报业公司的管理层成立了合作筛选委员会，参加各种会议，与各个潜在合作伙伴见面，指定专业人士研究技术上的差异，聘请新的管理层和顾问梳理出可能的选项。美国报业协会（NAA）甚至发布了一份教育简纲，目的就是为了帮助那些焦头烂额的管理者们找到一个头绪。

商业模式的问题这个时候也凸现出来。报业与在线服务商的交易大多循着一种模式：报纸提供内容，在线服务商负责渠道，发布新闻。但是，提供内容的新闻公司怎样获得回报呢？

一位报纸管理层曾警告他的同事：与在线服务商的广告分成至少不能低于50%。他说："广告是我们最大的收入来源。绝不能做亏本买卖！"[21]

总体上说，这一时期的报业尽管没有了往日的雄心壮志，但他们并没有放弃向新媒体的靠拢。除了报纸上线，其他的可能方向也在尝试。一些报纸很注重与学界的沟通，希望可以透过小规模的试验帮助他们寻找新世界的大陆。

比如，1993年5月，包括甘乃特、奈特·瑞德、论坛报业集团、《赫斯特报纸》及《时代镜报》在内的17家报业公司在麻省理工学院的媒体试验室共同成立了一个"未来新闻"（News in the Future）的项目。项目规划期5年，17家报业联合计划每年投入200万美元用于研究如何用已经出现的各种电子技术向消费者传送新闻。报业以外的几家机构对这个项目感到了兴趣也加入其中，包括IBM、ABC公司以及地区电话服务供应商贝尔南方和广告代理商麦肯环球公司。

但是，人们发现，和20世纪七八十年代美国报业意图领航新媒体的凌云壮志相比，1990年代早期的美国报业本身的革命愿望其实并不强烈。

当时一个流行的观点是："现有的成熟的商业不会出现什么问题，如果运转得当的话。所以，我们报纸行业的人不能放弃我们的日常工作。"就连当时的一些金融分析人士、行业评论家以及学者也意识到，尽管报纸建立了一个又一个的联合体，也越来越多地谈到开发电子信息服务，但是美国报业对变革自身兴趣并不浓厚。

因特网催生“网络版”

正当美国报业热火朝天地与专业在线服务商结盟的时候，网络技术正在飞速向前发展。包含着无数网络站点和网页的万维网（world wide web）出现了。对于报业来说，万维网的出现不仅出人意料，也令他们措手不及。

最新传达出这种信息的是新型浏览器马赛克（Mosaic）的出现。

卡尔森发现，在马赛克出现以前，因特网以及作为因特网最重要组成部分的万维网还没有成为美国主流媒体讨论的话题，直到1993年12月。《纽约时报》关于网络的第一篇报道见诸1993年12月8日。[22]文章将马赛克描述成为“一张发现信息时代埋藏宝藏的地图”。文章解释，马赛克并不提供网络连接，但却可以在你联网时帮你更便捷地寻找信息。

马赛克是1993年由美国伊利诺州立大学的学生马克·安德森发明的一个网页浏览器。它是互联网历史上第一个被普遍使用，同时可以显示图片的网页浏览器。在马赛克之前，GOPHER是最为流行的信息检索工具。但是，GOPHER的问题是，它基于字符界面，普通的网络用户很少会使用它。而马赛克通过表格化的界面，让普通人也可以在因特网中搜索内容，将网络转化为一种真正的家庭工具。

在马赛克之前，人们认为因特网是真正的网络，而万维网只是一个基本的内容层；马赛克出现之后，万维网开始真正融入于因特网，成为我们今日看到的网络的最重要组成部分。因此，马赛克为人们铭记的意义在于，它成为连接万维网与因特网的桥梁，为因特网带来了真正的转机。

网络技术日新月异的演变对美国报业产生了很大的冲击。如上文所说，在马赛克出现的时候，当时美国中等市场规模的报纸多半选择AOL、CompuServe、Prodigy等专业在线服务商作为其合作伙伴。但是，《连线》杂志1994年10月刊登的一篇名为《革命已经开始》的文章令他们感到迷茫。当时的这篇文章尖锐地指出了正在经历的技术更迭——“不要盯着现在，Prodigy、AOL、CompuServe突然间全都过时了——马赛克正在走来，正在成为世界通用的标准界面。”[23]

1990年代后期的美国报业犹疑不定地注视着技术世界的激烈更迭。

最初，报业对于万维网及因特网仍然持有怀疑。一方面，作为科技界领头羊的微软公司当时并没有发出预警。就在《连线》杂志宣布Prodigy、AOL、CompuServe全都过时10个月以后，微软在1995年8月发布了自己的Microsoft Network（MSN），这个计划很大程度上还是沿袭了原来的专用网思路。回头看，你也许会说，微软那个时候也搞错了方向。但对于当时的美国报业来说，微软作为科技界的大佬对于报业的心理影响是巨大的。

另一方面，令报业做出错误决断的也是因特网本身的发展。因特网1969年在美国诞生时，还只是一个名叫“阿帕网”（ARPAnet）的军用研

早期的Mosaic界面（图18）

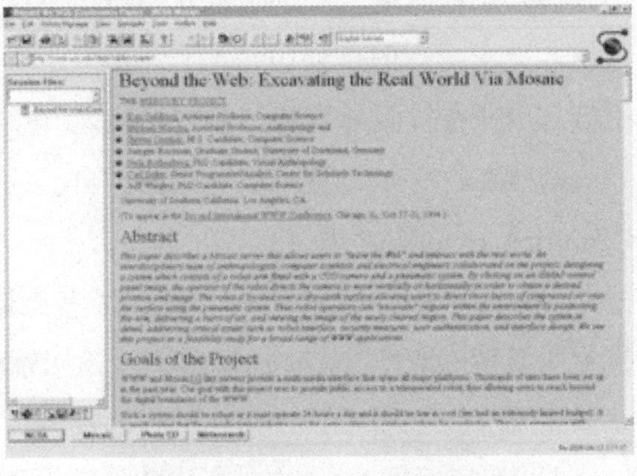

NCSA Mosaic 3.0 for windows

究系统，后来连接到大学，主要供学术使用。因此，这个网络原本的设计是针对军用和学术，走向民用并不是它的初衷。

1994年11月，网景公司推出了其划时代的软件产品——因特网浏览器Netscape Navigator 1. 0。开发出这款产品的一个重要人物就是我们上文提到的开发了马赛克的马克·安德森。这款产品极大地方便了人们在网上的搜索与浏览，因而激起了第一次用户上网的高潮。看到网景公司创造出来的庞大市场，微软很快跟进，研制出自己的浏览器“explorer”（这是目前国内大多数人都在使用的浏览器）。微软的这款产品提供免费服务，同时与视窗软件捆绑销售。两大浏览器一时间打得水火不容。

总之，科技创新的浪潮正在悄无声息地改变着人们的生活。情势的发展越来越超出报纸的预期。1994年，美国只有11%的家庭是因特网用户，1997年这个数字达到26%，到1999年则攀升到33%。[24]

不过，报业对自身仍然持有相当的优越感。

“报纸最大的力量是它的信息加工能力，”论坛报业集团的主席查尔斯·T. 布莱姆迈克说。他认为，网络发行对于报纸来说意味着，“我们的优势——采编和发布信息已经远远不只是印在纸上。”[25]

当时美国报业协会（NAA）的一位主席乌扎尔·马兹也表示：“报纸在未来的电子世界里占据最好的位置。我们有强大的品牌认知度、可信度以及读者忠实度。”

1990年代后期，美国报纸开始纷纷发布网络版。尽管人们上网的技术路径各有不同，但是到1995年，北美已经约有60家报纸通过网站、公告板设备、专业在线服务等发布了在线版本。[26]

同样在这一年，美国报业祭出了自己的航空母舰——新世纪网络New Century Network（NCN）。

1995年4月，NCN成立，囊括了考克斯报业集团、甘乃特、赫斯特报业、奈特·瑞德、《时代镜报》、论坛报业集团、《华盛顿邮报》等数家报业巨头。几周后，《纽约时报》加入，加入NCN的报业超过200家。NCN同时计划两年内，在其运作的地区内再吸收75家报纸。

NCN资料图片（图19）

对于美国报业来说，NCN的成立是一个里程牌式的事件。

NCN原意是形成报业的共同门户，为互联网带来秩序，借此整合传统媒体在网络世界的内容及至广告。但是，由于报业内部利益纠葛，风格不同，加之NCN成立之初缺乏细化的操作方案，直到成立18个月以后才打造出第一个产品，这项被寄予厚望的行业巨制最终在1998年3月画上句号。在稍后的篇章，我们会仔细探讨NCN的覆灭。

就在NCN推进的同时，报业其他方向的试验被放弃。比如，1995年，奈特·瑞德关闭了自己的信息设计实验室。这个实验室此前已经成立三年，主要是用于研究开发电子平板报纸。当时，奈特·瑞德表示，关闭实验室主要是因为，他们计划“将资源集中在网络和在线发行”。[27]

报业的注意力同时在一定程度上被他们的老对手——广播、电视、有线电视分散。数据显示，发生在这些行业的并购交易从1991年的68宗直线飙升到1996年的204宗，交易金额超过500万美元。[28]

NCN的覆灭让不少报纸感到，与其建立一个共有的平台，不如投资一个自己的平台。如上所述，在NCN创建的1995年，美国在线报纸的数字还只有60家。到1997年，据美国报业协会的统计，全美1 500多家日报中，已经有500多家在因特网上出版了网络版。

报业自己也拿不准应该怎样切入网络世界。没有先例可循，1990年代后期的美国报业摸索着向网络进发。

一些报业集团首先考虑到将自己旗下各个力量联合起来，共同上网，如考克斯报业集团。1996年，考克斯报业集团成立了一个专门的网络分支机构为旗下的《考克斯报纸》、考克斯电视、考克斯传播、考克斯广播共同服务。他们最重要的努力是在亚特兰大市整合了那里的考克斯旗下各个传播渠道的力量，包括《亚特兰大宪章报》、WSB-TV以及WSB Radio AM 750。[29]1997年初，考克斯甚至宣布计划年底将在30个中小城市开办综合性的城市信息平台。这项计划被当时的业界称为是“史上最进取计划”。

《纽约时报》则凭借其品牌和发行优势，采取了全国以至全球策略。《纽约时报》的网站诞生于1996年1月22日。《纽约时报》在新闻稿中将建立网站的初衷描述为《纽约时报》的“更广义的战略”——“旨在扩大报纸覆盖以及探讨报纸在电子媒体中的新的采编和商业机会”。[30]当时，《纽约时报》网络版的正式名称是“万维网上的《纽约时报》”（New York Times on the Web）。从这个名称，你能够看出《纽约时报》当时对其网络版的定位。

很显然，他们希望能够在网络世界复制现实世界的成功。他们表示：“我们将在网络中履行我们在传统媒体中的同样角色——作为一个有思想的、公平的过滤器，向消费者提供他们需要的、可以依赖的信息。”

现在，你也许会说，《纽约时报》这种网络过滤器的想法太过天真，但在当时，报人理所当然地认为这是真实世界向网络世界过渡的必然路径。当时，《纽约时报》网络版的编辑部主任凯文·麦金纳甚至这样明确：“我们想让网络版在感觉上和外观上与原本的《纽约时报》一模一样。”[31]

和大多数美国报纸不同，当时的《纽约时报》凭借其国际大报的身份，采取了一种全国甚至全球策略。其网络版对来自国内的访问者基本不收费，只是娱乐版上的“棋牌”栏目和“字谜”栏目每年收费9.95美元；但对来自国外的访问者则收取费用，每月的阅读费是35美元，这个费用比订报便宜很多。到1998年5月，《纽约时报》网站已经吸引了400万的用户注册，其中83%居住在纽约以外。[32]

与此同时，NCN“抱团取暖”的思路仍然影响着很多同业。一些报纸沿着这个思路继续向前摸索。地方报的代表是《波士顿环球报》。《波士顿环球报》隶属于《纽约时报》，但是它采取的道路与《纽约时报》截然不同。

《波士顿环球报》与当地的其他地方媒体联手，试图构建一个地方性的新闻网络终端。它们建立的网站boston.com，被称为“首家众媒体网站（Megawebsite）”。

首先，在网站的命名上，它们并没有像绝大多数网上报纸那样以其母报命名，而是以其所在城市“波士顿”命名。其次，网站一开始的定位是要建成“本地区新闻和信息的一个入口”。因此，在操作中，这个网站除了提供了母报的信息之外，还将十几家波士顿电视台、广播电台、杂志以及博物馆、图书馆、芭蕾舞团、管弦乐团、地区气象台、交通服务处等其他内容供应商的内容共同挂在网上。[33]

在某种程度上，《波士顿环球报》的模式是地方版的“NCN”，核心仍是为传统媒体寻找一个共同的门户出口，但是在信息提供的内容分层上实际已经比NCN又向前迈进了一步。

整个1990年代，需要特别指出的是，技术层面，美国报业网站仍然停留在拷贝母报的阶段。各报纸都不约而同地选择将纸质印刷版上的内容上传到自己的网站。

这种行动甚至催生出一个“shovelware”（铲出内容）的词语。学界当时对这种“shovelware”策略的解读是——把报纸上所有的东西照搬到网络上，对信息没有进行任何的进一步加工。[34]

典型的代表如上文提到的《纽约时报》。这一时期《纽约时报》的网络版几乎没有独立的内容，纸报刊登什么，网络版便基本上完全照搬。

“shovelware”反映出，这一时期，“内容为王”的思想依然主导美国报业。报纸不允许自己网站上的内容快于纸质报章的内容，因此这个时候，绝大多数报纸选择在纸质版出街后才将内容上传到网站上。

2000年下半年的一份行业调查显示，45%的美国纸媒受访者认为，他们不允许网站的新闻快过报纸。尽管这个数字已经比前一年的58%有所下降，但是你仍然可以看到当时根植于美国报人心中的固有观点。[35]

也正是因为对内容的珍视，这一时期美国的在线新闻网站普遍重视内容远远大于重视广告和盈利模式。

以《纽约时报》为例。在启动网站以前，《纽约时报》1995年10月将一篇教皇访问纽约的文章挂上网，进行网络测试。但是测试受到经营部门的批评，认为这是一次丝毫没有考虑报社收益的纯粹采编“练手”。

当时的一位管理层回忆起这样一个片断：“这是一次采编系统的测试，而不是其他的什么东西。我们都很高兴（文章）被挂了网，但是这个时候，我接到一个当时负责运营的家伙的电话。他在电话里对我大叫：‘为什么里面什么广告也没有？’”[36]

但是，这正是早期美国报业“网上运动”的一幕真实写照——大家都忙着关心如何把自己的内容放在网上，但却没有考虑到应该如何在网上建立新的商业广告模式。

《洛杉矶时报》的一位专栏作家当时这样表述：“在开发万维网的最初这些年里，即使是在这依然原始的数字化世界中开拓的人也同样承认，迄今为止我们所做的一切都不过是照搬现存媒介的经营方式，然而在未来的数字化世界中，现存媒介的经营方式要么彻底改变，要么完全消失。”[37]

当报纸忙碌着将纸质内容搬上网络时，报纸的新兴竞争对手也已经雨后春笋般地出现了。一篇行业协会的报告指出，可以被报纸视为竞争对手的新媒体内容供应商和在线分类广告供应商，已经多达40家。[38]

门户网站的代表Yahoo，这个时候已经成长为报业的新兴竞争对手。Yahoo这个时候已经把自己的商业模式描绘成了媒介（media）、交流（communication）、商务（commerce）三者的交会，并称能做传统媒体所不能做的事。

事实上，门户（Portal）这个词在1997年就已经开始出现在美国新闻业，在1998年初成为美国新闻行业讨论的主流话题。门户公司多半根植于搜索引擎或者内容整合商。它们利用网络，采取一种与媒体相近的盈利模式，通过提供大量的网络整合服务读者，而后通过广告或其他交易，从读者资源中受益。

原有的专业在线服务商AOL和MSN也开设了自己的门户公司，但真正流行的门户公司依托于互联网，如Yahoo和Excite.

在门户网站兴起的同时，原有的专业在线服务商，如AOL、Prodigy的用户仍在增长。AOL号称自己是一个“媒介”（media），表示目标是要创建一个全球性的媒介，其影响力要达到电话、电视对人们的影响力，甚至更强。微软与包括《今日美国》《纽约时报》等在内的几家报纸达成伙伴关系，还计划投资6亿美元，用于开发一个MSN的分支机构Sidewalk，致力于地方市场。盖茨的这个决定，直接针对在线内容，投资力度超过了整个报业对网络的投资。“这不只是一个技术公司，这是媒体竞争者。而这个公司难以置信地富有！”当时有人这样感叹。报业无比清晰地意识到，竞争已经达到前所未有的高度。

1990年代后期的美国报业希望网络能够为他们带来新的利润，弥补报业在其他市场的下滑，但是这个时候的网络并没有带给报业明朗的未来。

1998年，几家著名的美国大报的网站均告亏损。如奈特·瑞德预计网站亏损2 300万美元，论坛报业集团网站亏损3 500万美元，纽约时报网站预计亏损在1 000万—1 500万美元之间，时代镜报网站估计亏损约2 000万美元。[39]

传统的美国报业的发行也是他们的一个利润点。比如这一时期，报业纸质版的发行收入约占其总收入的25%。但是，人们发现，想要在网上通过“发行”，也就是订阅赚钱的想法并不切实际。就像20世纪80年代奈特·瑞德的Viewtron项目一样，向读者收费不仅不被接受，还会把读者吓走。

有的报纸看到了科技公司的胜利，他们尝试着不向用户售报，转而销售网络接入通道。这些报纸公司建立起自己的ISP，与市场上的其他电信商直接竞争。也有报业公司与电信商建立合作伙伴关系，提供共有品牌或私人服务。如奈特·瑞德、甘乃特曾经联手与地标传播合作了一个叫InfiNet的项目，通过这个项目向报纸提供自己的ISP服务，同时也把这种服务卖给其他报纸。不过，这些做法总体来说，都还只是尝试。成功的蓝本依然没有出现。

总体看来，1990年代后期，美国的报业新闻网站对于母报来说，仍然是纸质版本的网络延伸。虽然大量的报纸开设了自己的新闻网站，但是这些网站仍然是纸报的翻版，报业也无法从网络世界获得收益。

而和早期报纸向新技术展现的姿态不同的是，1990年代后期，在技术的更迭中，对未知世界的恐惧推动着报业向前行走。在他们向新技术靠拢的种种行动背后，“保卫战”——不丢掉原有的阵地，而不是如何去寻找新的市场空间和份额成为真正的出发点。

2000年代的整合浪潮

2000年1月20日，AOL（美国在线）宣布收购时代华纳，整个交易金额高达1 620亿美元。我至今仍记得，这则新闻爆出的时候，我正在修习新闻系研究生。对于这则新闻最深刻的印象是——两家公司的股票市值甚至超过了当年俄罗斯的GDP（当年，俄罗斯GDP总产值只有2 600亿美元，而两家公司的股票市值高达2 800亿美元。[40]）

因此，你不难想象这宗并购案对于当时美国金融界的震动。1995年，美国股指还只有800点，到2000年已经一路飙升到5100点。因此，某种程度上，AOL并购时代华纳就像当时蓬勃发展的网络泡沫中的一个超级大泡泡。

合并被赋予诸多光环——“美国新经济的代表”“新媒体的先锋”等等。其中，比较一针见血的评价是：“交易最大的特别之处在于，AOL并

AOL时代华纳曾经作为新经济的代表，一度被寄予厚望（图20）

购时代华纳后将诞生世界上最大的媒体公司。这个概念就是网络经济的本质，凭着这个概念，华尔街将给新公司远超其实际价值的估值。”[41]

客观上，当时的大环境是，随着网络泡泡的吹大，并购已经成为网络公司求生存、求发展的重要途径。数据显示，1999年上半年，美国网络公司间的并购总额已经超过400亿美元，同比增长22倍。当时的一家市场调研公司分析师甚至这样表示：“这个行业，把事情做大的捷径就是合并和收购。”

科技界盲目做大的风潮传染到媒体业，典型的个案便是AOL与时代华纳的合体。从媒体产业的角度看，它折射出当时美国媒体产业普遍关注的重点——公司的规模以及内容的多渠道。

AOL与时代华纳这个超级泡泡诞生的同时，还有许多重大的行业并购也在不断上演。比如通用电气收购NBC，迪士尼收购ABC，Viacom收购CBS。就连时代华纳本身也是华纳广播与CNN并购的结果。

作为媒体业重要组成部分的美国报业同样未能从这一轮对规模和渠道多样化的追逐中逃脱。2000年，美国1 500多家日报几乎都有了自己的网站。[42]但是，如何以一个合理的成本形成规模？ 报纸将视线放到了与电视的合作。

多米尼克这样描述了两家携手的优势：“与其每个媒体各自招兵买马，不如报纸、网站和电视资源共享。这不仅节省投入，还可以相互推广用户。比如电视可以鼓励观众访问网站或报纸。”[43]

金特里则分析：“（整合）正处于婴儿期。它之所以会发生是因为报业看到了读者下滑，而电视看到了观众下滑。（报纸和电视）他们认为如果他们能够跨越边界，资源共享，可以吸引更多的观众，同时节省成本……这已经不只是趋势，它是一场运动。”[44]

到2001年，美国类似的整合案例已经高达约50宗。[45]

2003年4月，杜普莱西和李针对美国发行量最大的100家报纸的网络新闻进行了相关调查。结果发现，100家报纸中有86家已经出现各种形式的跨媒体合作。[46]

在这个过程中，美国报人对于整合给出了不同的版本。

传播手段的整合首当其冲成为一种重要的整合手段。

在后台修改版面的编辑人员（图21）

有些报纸侧重信息的共享，有些报纸侧重传播手段的多样化。比如，报纸记者采访的同时，通过录音笔为新闻配音；电视记者采访重大事件时，在拍摄画面的同时也为网站传去音频文件，并及时更新。还有些地方，整合体现在记者采写稿件时，要将其变为三个版本：提供给网站的即时报道，提供晚间新闻的新闻组稿，以及提供给第二天报纸的新闻稿。整合既可以发生在不同的大楼，也可以发生在相邻的办公桌。

"坦帕模式"是上述传播手段整合的一个代表。2000年，大众媒体将旗下的《坦帕论坛报》与电视台WFLA-TV以及网站Tampa Bay Online（www.tbo.com）放进了一个篮子，搬进了同一座大楼，进行内部的资源整合。在这种整合模式下，"电视记者在镜头前完成报道后，要为报纸撰写署名文章；报纸记者采写完稿件后，要出现在镜头前播报新闻。每个人，不论是记者、编辑还是摄影，都必须对他们的作品重复利用，将它们上传到网站"。

还有报纸推出"组合"式整合策略。比如，以报纸为中心，推出网络版，而后是其他附带产品，如西班牙语版等。

也有的报纸采用"融合"（integration）战略，以示他们的网络版和纸质版在同样的管理下水乳交融。这方面的个案如《纽约时报》。2005年8月，《纽约时报》把报纸和网站的采编部门合二为一，两个部门的广告也被合并，共同由一个首席广告执行官（CAO，chief advertising officer）管理。分析人士认为，当时纽约时报设置的这个CAO的位子很大程度上是要告诉人们，报纸和网站之间已经没有你我之分，我们都是纽约时报公司。[47]后来的学界认为，《纽约时报》原意是想告诉投资者和受众，他们对网络的重视，但是在实质上却重新回到了以报业为中心的老路。不过，我个人认为，回到以报业为中心的老路的根本原因还在于，这一时期报纸的力量依然很强大，而网站的力量依然很弱小。

当时，也有极少的整合涉及广告。

比如说，出现了一个叫作“合作经营协议”（Joint Operating Agreement，简称JOA）的名词。特指报团之间经过协商，把两家竞争对手报纸中编辑部以外的经营部分剥离出来，共同组建成新的公司，统一经营报纸的广告、发行等业务，所得利润按协议约定分配。

早在1990年底，奈特·瑞德和甘乃特就已经在底特律尝试过这种办法。当时，奈特·瑞德旗下的《底特律自由报》和甘乃特旗下的《底特律新闻》本来是激烈斗争的竞争对手。两家报纸反复磋商后，将两报除报纸编辑部门以外的所有部门合并组成底特律报业公司，负责两报的发行、广告和印刷，所得利润则由两报纸平分。

延续这种 “分享收入”的思路，1990年代后期，在堪萨斯州首府托皮卡，莫里斯传播公司旗下的《资本》杂志与WIBW广播与埃米斯广播公司旗下的KSNT—TV达成合作，它们不仅新闻资源共享，还将广告一起打包。[48]

但随着情势的发展，美国报界对于JOA的看法已经存在不同。比如甘乃特集团的副总裁指出：“JOA将走向消亡，原因是经济不景气，一个市场的资金难以支撑两家报纸。其中的第二家报纸，特别是晚报，将难以生存。”[49]再比如NewsOK.com的总经理所说：“采编层面的整合最为简单。涉及广告和销售，没有人愿意和别人分钱。”[50]

因此，总体上说，这一时期美国媒体的整合战略聚焦于分享成本，而不是分享收入。有西方学者认为，这一战略成功的前提假设是：如果将各个媒体的资源放大的话，它将为媒体们带来极大的竞争力。[51]换言之，当时的美国报人心中存在着这样一个假定：如果传统媒体的优势全部发挥出来的话，收入也会随之而来。

但是，核心的问题是，整个行业的大饼在网络的冲击下已经变小，并不足以满足原来市场上那些竞争主体的胃口。比如，仅在2004年，谷歌一家公司就已经瓜分了32亿美元的在线广告收入。

始终没有明显的整合成功的个案。

事实上，2000—2001年报纸与电视间的整合个案绝大多数都在几年后以失败告终。在一些个案中，报纸和电视的整合最后沦为“交易”。比如电视台向报纸提供天气预报；作为交换，报纸出让一个小版花打上电视台的LOGO。[52]

还有些媒体最终放弃整合，比如考克斯传媒。考克斯应当算是整合概念的先驱。它在1996年已经成立考克斯互动媒体，以其为中心，对考克斯旗下所有报纸、电台、电视台和网站进行运作。但是，2002年初，考克斯传媒打散了原来的中心架构，将网上业务重新分割回了原有传统部门。考克斯互动媒体则作为一个独立的商业部门运作，但是在内容和广告上依赖传统媒体部门。一位高级经理这样解释：分离后，传统媒体部门重新控制内容在网上的呈现，这将有助于他们获得更大的商业动力，同时有助于协调。[53]

2003年，这个时代最大的整合——AOL时代华纳也宣告失败，2 000多亿美元的市值随之蒸发。和它诞生时获得的诸多光环一样，AOL迎来失败命运时，也迎来铺天盖地的批评之声——“美国历史上最糟糕的并购”“有史最差的科技产品”等等。

一些美国学者试图为这一时期的跨媒体合作寻找其商业合理性。有学者对1996—2002年美国26家大型媒体公司的产品多样化进行研究，结果发现，归结于媒体并购、多样化、融合的商业收益是个谜。

“协力作战的优势在传媒产业并不适用，”这位学者写道，进一步表示说，数据还显示出负作用——“当媒体公司从自己的主业跨媒体扩张新闻业务，反而出现经济效用的下降。”这种观点最终得出结论：报纸和电台、电视台的操作模式太不相同，以至于资源不能得到有效地使用。[54]

在线利润的谜局

2000年代初期，美国报业的在线业务出现一些积极的数字。有行业分析师表示，行业中1/3的亏损，1/3的持平，还有1/3的盈利。[55]当时，甚至还有报纸乐观认为，他们有信心在四年内盈利。

但是，当人们进一步分析报业网上业务利润来源时，他们感到情况并不乐观。

分析人士认为，网上业务的盈利状况并没有真正反映出媒体在网络环境下采编的真实成本支出。

“所有的盈利新闻网站都依赖于非网络部门的新闻供应。他们免费获得新闻资源，不需要任何付费。”他们指出，“报业应该透明他们如何计算网上业务的成本与支出。”[56]

《圣地亚哥联合论坛报》的一位管理层称，“最根本的是要仔细计算出网络运营为报业增加的成本和收入。不是考虑是否将网络版作为一个独立的事业，而是考察网络版是否为报纸带来盈利”。这家报纸尝试着想要算出网络为报业增加的所有成本。但是他们依旧没有将采编人员的医疗福利以及纸媒为推广网络投入的版面价值包含在内。[57]

不少观点认为，报业对网络业务的核算实际反映出报业管理层的经营思路：将网络部门作为纸媒的延伸，抑或是一个独立的运营部门。绝大多数美国报业在这一阶段，仍然很喜欢将自己的网络报纸描述为纸报的另一种版本。也许这在某种程度上，是因为这样会让人比较容易理解报纸内部

报纸面临着严峻的生存压力（图22）

的架构，也比较容易归纳成本。[58]

另一个让人们对网站利润感到不乐观的原因是，盈利网站的利润主要来源于成本裁减。

如《纽约时报》。当时的《纽约时报》网站大幅缩减开支，裁掉了116个岗位。大约一年时间，《纽约时报》的数字运营部门从亏损700万美元一下子扭亏并盈利20万美元。[59]

不过，《纽约时报》比较严格地核算了网站的成本。《纽约时报》一位管理层表示："美国的报业公司确实有'埋藏损失'的历史习惯，不是刻意为之，只是说'这个不算''那个不算'。"这位管理层透露，《纽约时报》网站"所有的因素都计算"，其在线部门使用采编部门的内容，每年需要将收入的10%付给采编部门，或者每年付费500万美元。[60]

到底哪种通道才能为报纸的在线业务提供可资持续的发展动力呢？报人不约而同地将眼光投射向在线广告。

和真实世界的报纸发行量一样，美国报人感到，想要激活在线广告，首先需要被激活的是在线读者的基数。

到2000年中期，美国报业为吸引读者已经进行了不少改进，绝大部分排名靠前的报纸网站已经综合提供文字、视频、音频等各种传播手段，带有互动功能的平台，如博客、播客也被广泛采用。

对于报纸网站的这种转变，消费者给出了积极的反应。尼尔森互联网研究（Nielsen/NetRatings）在2005年10月份的报告显示：报纸网站的读者较上一年出现两位数增长，达到3 900万。这意味着，报纸网站的读者人数已经达到当年美国网络活跃人口的26%。两家全国性大报的网站吸引了庞大的读者群。如《纽约时报》的网站nytimes.com的月度用户超过1 100万，而《今日美国》的网站usatoday.com的用户则超过1 000万。

对于美国报业来说，读者增长是个不小的成就。但是，这个数字仍然无法令他们高兴。因为——报纸的在线广告并没有如预期那样同步增长。

2005年，美国报业协会宣布，报纸在线广告收入首次超过20亿美元（这个数字只占报纸广告总收入的不到4.5%）。然而，就在此前的2004年，谷歌一家公司的在线广告收入已经高达32亿美元。

2005年到2010年间报纸在线广告与新媒体在线广告间的此消彼长更让美国报纸感到了当头棒喝。

5年过去，情况不仅没有好转，报业在线广告与新媒体在线广告的差距反被迅速拉大。2010年，美国报业的在线广告收入上升到约40亿美元（当年美国报业广告收入为258亿美元，较2005年的行业最高点下滑近50%；同时，在线广告在美国报业广告占比只有12%）。但是，按照谷歌的年报，2010年，谷歌在线广告总收入已经达到280亿美元。

谷歌为代表的新媒体的飘红报表，让报业感到的不仅仅是难堪。他们感到了真正的难题——如何将你的资产资本化。而现状也再一次证明，报业还没有在网络世界找到可行的商业模式。

传统模式的终结

在报业与电视的整合未能达到预想结果后，报业在网络世界的努力仍在继续。一些报纸试图通过收购网络公司来寻找答案。

2004年11月，《华尔街日报》的母公司道琼斯以5.2亿美元收购了线上金融和资讯供应商MarketWatch。2004年12月，《华盛顿邮报》公司从微软手中买下一家在线杂志《Slate》。2005年2月，《纽约时报》以4.1亿美元从发行商Primedia公司手中收购了信息门户网站About.com。2005年3月，甘乃特、论坛传媒集团以及奈特·瑞德分别收购了网络新闻整合商Topix.net 25%的股份……

这些新闻见诸国内的报道。当时一种令报人振奋的声音是："传统媒体正在进军互联网市场，并大举收购互联网站。"[61]

但是，在美国本土，报业对于网络公司的收购并不被一致看好。有专家认为，这种收购是新媒体演进过程中的自然生态循环，以及传统媒体延长生命力的办法。通过这种手段，传统媒体获得新的收入来源，但是"这并不能保证旧媒体的幸存"。[62]

这个时候，对于美国报纸不利的一个大环境是，不少报纸的市值因为股东的减持开始走低，这让报纸很难从资本市场获得并购所需要的资金支持。更重要的是，大多数网络公司不认为自己应当被报纸收购。2004年，随着谷歌的成功上市，网络股再度开始走红。随着网络前景的再度朝阳，市场的理解这时也开始修正：报纸需要网络，但网络并不需要报纸。

2005年，美国报业同时迎来了行业的节点性事件——奈特·瑞德的覆灭。

2005年11月，在同业惊异的眼光中，奈特·瑞德发布声明称，公司将要委托高盛寻求战略买家。

导致奈特·瑞德被出售的直接导火索是投资者对于奈特·瑞德的业绩不满意。2004年，美国报业的行业平均利润是20.5%，当年奈特·瑞德的利润为19.4%。而到2005年，当行业平均利润下滑到19.2%，奈特·瑞德的利润却下滑得更快，只有16.4%。[63]

尽管奈特·瑞德的管理层采取了诸如裁员等手段裁减成本，并在2005年的3月参股了网络公司，但是种种努力对于业绩的提升并没有太大助益。投资者无法容忍奈特·瑞德的表现长期低于行业平均水平。

面对投资者的诘问，管理层很快投降，这个美国第二大报业集团在第二年初被麦克拉奇公司以约45亿美元的价格接手。而后者转而又出售了奈特·瑞德旗下的十几家报纸以摊平收购价格。曾经的行业大佬一夕之间分崩离析。

奈特·瑞德的冲击波辐射全行业。最令美国报人感到愤懑不解的是，就在奈特·瑞德倒闭的时候，它仍然是一家盈利公司，它的利润甚至比当时的许多包括埃克森·美孚在内的财富500强公司的利润还要高。[64]

很多人借此认为，奈特·瑞德遭到了不公正的“错杀”。但实际上，这也侧面反映出，当时的投资者对于传统媒体的态度——即便传统媒体仍然是一个盈利行业，但它已经遭到投资者无情的抛弃。

奈特·瑞德这个美国报业曾经的巨擘，历史上它曾经获得过84次美国报业的最高荣誉——普利策新闻奖。它作为美国报业新媒体革命的先锋和旗舰，早在20世纪七八十年代就已经无畏地站在新媒体革命的潮头，进行勇敢的尝试。它悲壮的覆灭是美国报业的标志性事件。一些美国学者认为，奈特·瑞德的消亡代表了美国传统报业的终结。

在奈特·瑞德之后，美国报业继续江河日下。

2007年12月至2010年3月25日，美国一共关闭了200家报纸。2007—2009年6月美国有11家报纸停印而转网，其中包括7家日报。

记者、编辑等专业人员也在这种行业下滑的大势中风雨飘摇。《2010年新闻媒体状况报告》显示，在2007—2009年，美国报业编辑部门的工作岗位从55 000个缩减到大约40 000个，有15 000名全职记者和编辑被解雇，采编人员缩减了27%。[65]

第5章 新世纪网络和坦帕模式

在美国报业的新媒体尝试中，新世纪网络与大众媒体在坦帕推行的坦帕模式是美国式的媒体融合个案。前者力图将传统报业纠集于同一个平台，借此想要梳理出网络世界的“秩序”。后者则颠覆了记者的传统操作模式，将他们改造成为“全媒体”型的金刚战士。

抱团取暖的新世纪网络

1990年代后期美国报业的新媒体革命中，新世纪网络New Century Network是个值得分析的典型个案。由200多家报业联合组建的NCN一度被认为是美国报业在网络时代最成功的创举。它的创建及失败是美国报业发展中一个里程牌式的事件。

1990年代中期，美国报业已经强烈感受到网络的冲击，尤其是当时网景公司一年的在线广告收入已经超过2 000万美元。报业决定采用抱团取暖的方式，重新界定它们在网络中对于内容的话语权。这成为NCN成立的初衷。

1995年4月，200多家报业参与其中，包括考克斯报业集团、甘乃特、赫斯特报业、奈特·瑞德、《时代镜报》、论坛报业集团、《华盛顿邮报》、《纽约时报》等美国各报业巨头。NCN同时计划两年内，在其运作的地区内再吸收75家报纸。[1]

客观上来说，NCN的成立是美国报业的一次壮举。如前文所述，当时，网络技术在美国正处于从联网服务向网络转换的又一次技术变革期。在这种技术交替期，普通读者对于网络还只是处于快速接受的初期。比如，在NCN推出前的1994年，美国只有11%的家庭是因特网用户。（这个数字到1997年迅速达到26%）。[2]因此，NCN的成立在当时无疑是富有远见的。当时的分析人士曾经这样评论："这实在是惊人之举，因为这个行业从未这样团结过。但是这肯定比自己单独想做点啥有意义得多。"[3]

关于NCN的宣传漫画
（图23）

当时的报人们认为，报纸各自设立单独的网站，访问人数毕竟有限，信息量也不够大，如果能把众多报纸整合在同一个信息平台上，形成一个报纸的集散地，那么这个网站将是一个吸引人气的大站点。一旦访问人数增加，广告收入自然也就水到渠成。

但是，实操的难度远远大于规划。

NCN最初的商业模式是建立一个报业中心，基于这个中心，通过搜索、商业交易和广告等手段将成员联结在一起；这样，基于一个共同平台，报业就可以形成合力，抵抗成长中的网络。

但是，运作一个容纳着200多家报纸的庞然大物并不容易。一方面，NCN要整合各家报纸的内容，形成共同的通道；而另一方面，它又必须小心翼翼地处理各家报纸的势力范围，避免报纸原有的品牌和影响力受到影响。

从《纽约时报》对这个联合体的描述，我们可以看到NCN游弋于众多报纸间的努力以及实际运作中的古怪——

“每家报纸都必须在网上创造出自己的‘面貌’，同时保留自己在本地新闻上的采编人员。但是每一家报纸又和其他的报纸链接在一起。对于读者来说，他读完电子版的《奥斯汀美国政治家报》，可以再单独购买一份电子版的《狄盟市注册报》，如果他还对爱荷华的新闻感兴趣的话，还可以选择再买一份电子版的《休斯顿纪事报》。”[4]

通过这段描述，我们可以看到，NCN实际扮演的是一个报纸集散平台的角色。或者也可以这样理解——NCN是中央台，而各家报纸是地方台。你进入了NCN，然后再借由这个通道，进入各个地方台。

但是，套用今天最为时髦的“用户体验”，对于读者来说，当他想要接入“地方台”的时候，为什么一定要通过NCN这个平台呢？一个不容忽视的大背景是，在NCN创建的1995年，美国已经有60家在线报纸，而到1996年末，这个数字已经达到230家。

客观上，NCN在成立初期已经考虑到了盈利模式的问题。从长远看，NCN显然是希望广告能够最终成为盈利点。当时，他们曾计划建立一家互动的广告网，在保持自身运作的同时与各报纸收入分成。他们更宏大的野心是在未来形成一个标准化的广告平台，将200多家报业的广告纳入一个统一的体系。按照NCN规划，只有当25%的消费者开始常规地使用网络，广告商才可能从线下转移到线上。1995年的时候，NCN预计这个门槛会在2000年底到来。因此他们给自己定下一个五年的窗口期。[5]

除此之外，他们也已经注意到读者对于服务的要求，尝试为其他一些辅助性服务提供一个标准化的技术平台，如家庭购物、电子邮件、聊天服务、讨论小组等。甚至，NCN还构想过开发自己的浏览器，因为当时的人们为了得到最新版本的浏览器而频繁访问网景公司的站点，从而为这家公司带来上千万美元的广告收入。[6]

但是，内部分化很快到来。

NCN成立6个月后，第一道裂缝开始出现。6家报纸另起炉灶，在NCN以外，开辟新阵地。这是一个名叫CareerPath.com的网站，成立于1995年10月17日，号称要“在网络上提供全球最详尽的工作岗位”。[7]这6家日报包括：《波士顿环球报》《芝加哥论坛报》《洛杉矶时报》《纽约时报》《圣荷西水星报》以及《华盛顿邮报》。这些日报全部都有份参加NCN，而CareerPath号称将要涵盖的重点实际也已经囊括在NCN的计划之内。

因此，实际上，到1995年末的时候，NCN的使命已经陷入泥淖。

甚至甘乃特和奈特·瑞德这样的NCN“领头羊”也曾搞过自己的小动作。比如，它们两家联手在1996年与地标传播公司共同成立了一家新公司InfiNet，号称向公众及报纸提供网络的接入服务。当时，两家公司的计划是吸引100家日报与其合作。尽管奈特·瑞德和甘乃特都宣称，InfiNet不是与NCN竞争，而是令NCN变得更加完备，但是说到底怎样让NCN更加完备却语焉不详了。

总之，代表着美国报业宏大巨制的NCN看上去已经有点寸步难行了。但是，好不容易集结在一起的所有者们并没有轻易放弃这个搭建好的媒体共同平台。一位名叫李·迪勃的人接手管理，推出了NCN真正意义的第一个产品——“NewsWorks”。

NewsWorks定位于网络服务，强调其作为新闻整合者的角色。它强调自己遴选的内容基于遍布全国的各大报纸，代表着2.5万名记者的共同劳动。

当时的一位编辑曾经这样描述这个新产品：“想一想，一位私人的新闻助手每天为你阅读125家报纸的每一篇文章……然后为你挑选出你需要以及你想要知道的新闻和信息。这就是NewsWorks所做的工作。”[8]

客观上说，NewsWorks在理念上已经相当先进。当时的NewsWorks与今天web 2.0时代的RSS在功能上如出一辙。都是通过内容的筛选，为读者提供个性化的内容。同时，NewsWorks的“私人新闻助手”也与web 3.0时代倡导的“个性化”本质上不谋而合。

在实际运作中，NewsWorks不再只是一个连接各报网站的通道，而更像是一个报纸信息的综合加工厂。它把各报同一主题的报道，甚至提到的同一种产品的报道进行归类，或者把内容上相互有关联的报道组合成一个系列。这样，不仅方便了读者阅读，也可以向特殊的信息需求者提供专门的服务。

但是当时的NewsWorks存在着硬伤。有人批评，NewsWorks没有在新闻发生的第一时间将内容上传，因此不能满足读者的胃口。也有人批评NewsWorks是对“同样的旧新闻的另一级循环”。[9]因此，总体上说，

NewsWorks的设想虽然良好，但在实际操作中，并未能将网络的一大优势——时效性发挥出来。

也有人对NewsWorks的努力进行了肯定。比如以专业研究人员为读者的《今日信息》认为，NewsWorks是极好的新闻信息搜索工具，丝毫不逊色于那些商业性工具。但他们建议，NewsWorks将注意力放在本地，提供“高吸引力的本地服务”，同时说服广告商，让广告商发现，NCN才是本地媒体购买的正规通道。

和外部的褒贬不一相同，在NCN内部，人们对于NewsWorks的声音也很不一致。有人支持它，也有人丝毫不看好它。

到1998年1月，NCN最终放弃了NewsWorks，这时NCN的成员只有100多家了。NCN裁掉了10%的员工，表示将改为向用户发送HTML格式的邮件提供信息。但是，这种尝试并没有落实。在接下来的一个月，NCN又决定改变方向，从内容提供上退出，主力提供广告。“我们的报业伙伴每天创造出大量的丰富的互动的内容。而我们，可以通过为报纸的全国广告商们提供市场解决方案，来实现价值最大化。”NCN在新闻稿中表示。[10]

但是情势急剧地发生变化。1998年3月，NCN董事会宣布解散，NCN的全部营运停止。NCN董事会在宣布解散的声明中这样陈述：“我们不能达成共识的策略，以获得更多伙伴的支持向前推进。自从1995年NCN成立以来，网络上的资讯与商机已经转型。在快速变迁的市场环境中，寻找一个共同的策略，来满足NCN旗下140多家报纸的需要，这项挑战已经被证实过于危险。”[11]

NCN对中国媒体的启示

NCN是美国报业面对网络竞争的一次抱团取暖。这样的抱团取暖在中国也能找到现实翻版。

最著名的是2005年的“南京宣言”。2005年10月底，中国都市报研究会总编辑年会在南京召开。20余家都市报总编辑就应对新媒体竞争展开了集体筹谋，签署了“2005年中国都市报研究会总编辑年会南京宣言”，呼吁“全国报界应当联合起来”。

“南京宣言”给出了报业团结求存的三条理由，其中核心的一点是——“改变新闻产品被商业网站无偿或廉价使用的现状”。[12]

但是“南京宣言”最终以失败告终。

一位当年与会的业内人士这样分析，“南京宣言”虽然引起各家报纸的共鸣，但与会者更多是表明态度、表达忧虑，并没有给出可操作的协议。另一个现实的问题则是，全国报业均处于竞争环境，即使一家地方媒体掐断转载，同城对手们也能提供相似信息。

2006年初，另一场全国范围的报业联盟拉开。

2006年元旦前后，解放日报报业集团向全国38家报业集团发出《发起全国报业内容联盟的倡议书》（下简称“倡议书”），号召它们共同加入“全国报业内容联盟”。

倡议书写道：“一种趋势在蔓延，到了足以引起我们警惕的时刻：传统报业制造的新闻内容，在不合理的网络媒体转载定价制度下，其价格正在背离它的价值，越走越远！”[13]

为了约束成员，联盟采取了收缴保证金的方式，同时表示将为成员提供法律服务。

但是，同样的，联盟未能逃过无疾而终的命运。在获得报纸版面一番密集渲染后，联盟第一届理事会并未如期上演。2009年，解放日报报业集团社长尹明华在中国传媒产业经营管理论坛上称，联盟未能成功，源于“不能摆脱‘囚徒困境’效应的制约”。

类似的报业联盟还曾出现在上海。为抵抗网络的冲击，上海报业也曾经自发结成同盟，统一向网站供稿。

比“南京宣言”先进的是，各家报纸商量出了具体的实施办法。它们约定：当网站采用某家报纸内容时，付出的费用由联盟内部进行二次分配——提供内容的报纸分成比例相对略高，其他同业同时也能获得分成。

但是，戏剧性的是，网站得知这一消息后，采取了“各个击破”的策略，向一些报社开出特别优厚的条件。面对网站抛出的糖衣炮弹，甚至发起联盟的一些报社也无法抵御诱惑，转头与网站成为盟友。

回顾上海联盟，利润的分成比例其实并不是联盟瓦解的关键。更核心的是，谁都希望能够“代表”同业被网站转载。这背后看不见的是报纸的影响力和品牌。

不论是NCN还是国内前几轮失败的媒体同盟，他们探索中的教训为正在摸索前进道路的中国媒体带来启发。

其一，对抗网络还是利用网络？

考察NCN的成长与覆灭，它在成立18个月以后才推出了自己的第一个主要产品NewsWorks。这在速度上远远无法与网络的日新月异相比。这成为NCN失败的重要原因。因此，某种意义上，当时的美国报业对于NCN这个“外壳”的重视远远大于对实操环节的考量。

或者也可以这样理解，当时的美国报业心存着这样的幻想：只要他们团结一心，便可以重新梳理内容在网络世界流动的秩序。但是，本质上，网络是一个以信息多向流动为特点的技术工具。你想要利用这种技术工具，但又要规避它与生俱来的特点，这显然是一项不可能完成的任务。

从这个角度看，抱团取暖式的融合也许首先应当明确的是，融合是基于对网络的对抗还是出于对新技术工具的利用。

其二，如何约束“黑马”？

囊括上百家报业的NCN，客观上面临着组织架构过于庞大的问题。一方面，NCN想要纠集传统媒体形成合力，而另一方面，对上百家媒体进行协调对于NCN来说无疑是个巨大挑战。NCN本身在设计上缺乏将成员利益捆绑的机制，这是它覆灭的重要原因。

在如此庞大的平台上兼顾各方利益到底是怎样一件高难度的事情呢？《洛杉矶时报》一位管理层的表述一针见血：“有私人公司，有公众公司，有的激进，有的保守，有全国性的大报，也有地方报业连锁。大家都有一个共同的需要。但是将它们统一起来，实在要叫人疯了。”[14]

业内流传的一则趣闻也侧面说明了NCN的窘境。据说，在NCN的开业庆典上，人们准备了1 000瓶香槟，杯身刻着——新世纪网络：美国报纸集体智慧的结晶。但是到场的观众最终不足100人。NCN的主编最后只好在退场前做了一个简缩版的发言。[15]

这个小小的插曲显示，当时的美国报业尽管已经纷纷意识到网络的威胁，但是，由于缺乏利益捆绑机制，报纸本身对于这项关系到行业前途的改革并不如关心自己的切身利益那么重视。

我个人感到，上述情形很大程度或许应当归结于美国报业的完全竞争市场环境。NCN是美国报业纯粹的自发行动，客观上缺乏一个权威的行业向心，因此很难杜绝游戏中的“黑马”，也很难对违反游戏规则的成员进行惩罚。

联系到中国报业，国内前几轮失败的报业联盟，均为行业的自发行为，这可能是它们失败的重要原因。但是，理论上，中国报业存在着借由权威部门牵头，形成行业向心的可能。

NCN需要检讨的另一个问题是，它错失了曾经摆在面前的商业机会。

当时正值网络投资热潮，NCN的一个股东考克斯集团想要将美国最大的一家风险投资基金——KPCB风险投资公司引入到NCN的股权结构。考克斯希望这家公司可以投资NCN，同时帮助NCN向公众发行，筹集资金。

这个计划本来可以帮助那些加入NCN的报纸们从资金压力中解脱出来，但是计划最终未能获得能过。甘乃特保持中立，考克斯争取到了论坛报业以及赫斯特集团的支持。但是，其他一些报纸认为NCN应当保持私人企业的身份，同时他们不希望未来有朝一日，当NCN获得盈利时，公众投资者会来分享它的收益。于是，最后的投票结果是5：4，计划未获通过。[16]

9家成立的报业公司原计划每家向NCN注入100万美元的“种子”，但实际上整个注资达到2 500万美元。而NCN总计只带来了100万美元的广告收入。《纽约时报》拒绝再向NCN注资，并推动其他几家报纸共同决定关闭NCN。

但是，NCN的尝试客观上证明媒体可以实现某些领域的合力。

NCN搭建的时候，美国大量的报纸是地区性报纸，他们无力构建一个全国性的发行平台。而像《华尔街日报》《今日美国》《纽约时报》这样全国发行的报纸，其发行量又主要集中在大城市。因此，NCN的出现将一种理论上的可能转化为了现实——广告商可以通过一个全国性的服务平台将广告投放向特定地区。

在NCN推行的过程中，其他寻求媒体合力的形式在不断尝试。比如1990年代后期的《波士顿环球报》和当地的十几家电视台、广播电台、杂志以及其他内容供应商达成联手，试图构建一个地方性的新闻网络终端。它们建立的网站boston.com，号称是“新英格兰第一家众媒体网站（Megawebsite）。”某种程度上，boston.com就是迷你版的NCN。

再如，考克斯报业集团下属的独立经营的新媒体——考克斯交互媒介（Cox Interactive Media）一度把19家报纸、6家电视台、38家电台以及一个有线电视网纳入在同一个框架。

类似的尝试还包括1996年的美国大选中，《华盛顿邮报》与自己的竞争对手《新闻周刊》以及ABC联手，开通了ElectionLine，一个专门针对1996总统大选的网站。

不论是NCN还是boston.com，抑或是考克斯交互媒介或ElectionLine，它们的核心都是将传统媒体的力量整合在一起。在这些整合中，媒体虽然仍然没有找到能够直达网络本质，足以改写传统商业模式的“新东西”，但是至少在形式上，上述诸多尝试证明，传统媒体可以在某些领域实现力量的联合。

践行“全媒体”的坦帕模式

如果说，NCN是美国报业面对网络的“渠道”整合之作，那么，坦帕模式更多的是美国报业基于技术层面的融合之举。

2000年大众媒体在坦帕的尝试吸引了许多美国业界以及学界的关注。这一尝试虽然对于报业寻找网络世界的答案没有根本性助益，但却在技术层面，很大程度地影响了西方传统媒体的新闻操作模式。

2000年，大众媒体将旗下的三家媒体资源整合进了一个篮子，把它们统一放进了一栋占地120 000平方英尺的大楼——新闻中心（The News Center）。这三家媒体分别是：《坦帕论坛报》，一家发行量23.8万的报纸；WFLA-TV，一家当地市场的主流电视台；网站Tampa Bay Online（www.tbo.com）。

当时有学者这样描述这个试验孵化器：

“在坦帕市希尔兹堡河的河岸上，一座新崭崭、亮闪闪、造价3 400万美元的大楼屹立在这里。它就像是一个海报童星，诠释着时下媒体产业最火热又最富争议的潮流——‘整合’……从网络到数码影像的新突破，到公众对更好、更新、更多样化新闻的要求，对不同媒体操作方式的整合正在改变美国新闻事业的版图。没有其他地方能像坦帕这样，让你清晰地感受到正在发生的变化……电视记者在镜头前完成报道后，要为报纸撰写署名文章；报纸记者采写完稿件后，要出现在镜头前播报新闻。每个人，不论是记者、编辑还是摄影，都必须对他们的作品重复利用，将他们上传到

大众媒体在坦帕的新闻中心（图24）

网站。[17]

从上面这段文字，你可以清楚感受到坦帕模式为业界带来的巨变。长久以来，和中国传统媒体的操作形式一样，美国的报业、电视台、电台各自为政，并业已形成各自成熟的体系、理念。因此，当“整合”被摆在眼前，可以想见，从业人员首先感受到的是它带来的巨大的心理冲击。

为了避免过于动荡，一开始的时候，大众媒体管理层表示：尽管报纸、电视和网络共享同一个办公的物理地点，但是他们继续独立运营，对新闻做出自己的判断和处理。管理层十分小心地强调着一个信息——“尽管这次的合作力度空前，但是采编部门不会被整合”。

但是，在日常工作中，各个平台的合作空前交融。在这个过程中，新出现了一个相当于“新闻内容协调官”的岗位。报社的一位多媒体助理编辑、电视台的一位执行人员以及网站的一位多媒体高级编辑主要承担这个工作。他们工作的核心是不断探讨、协调各个媒体通道间整合的方式和可能。

比如说，每个平台每天都会有几次编辑会议，其中至少有一个会议是专为媒介的整合操作而准备。

比如说，上午9点，电视台召开编前会的时候，报纸的一位多媒体助

报纸、电视、网站在不同的楼层工作（图25）

报纸、电视和网站的编辑在一起商量选题（图26）

理编辑会准时参加；他同时也要参加其他平台的工作会。而当10点15分，报纸召开编前会的时候，电视台的一位执行人员也要例牌出席。前15分钟一般是对当天整合报道交换意见和想法。[18]

采编部门的一张超大桌（superdesk）成了整合的实物象征。在这张桌子前，报纸编辑、电视台制片人以及网站经理每天围坐一堂，讨论各项新闻操作。当时的行业周刊这样评论这张超大桌，认为它意味着，报纸、电视以及网络这三个渠道记者工作方式将要发生变化。[19]

随着大采编部门和超大桌的运作，管理者们发现很多工作需要谈判。客观上，并不是所有的新闻都同时适合在三条通道上同时发布。比如，一些深度的解释性报道可能比较适合在报纸或网站发布，但是发布在电视上可能就并不合适，需要的素材也完全不同；也有时，很适合在电视上播出的新闻，可能并不一定适合刊登在报纸版面。

统一三条通道间的争议并不容易。冲突不断发生，以至报纸的主编这样评论大众媒体的这次整合——“整合是项谈判运动，总是不断地发生冲突”。

甚至，为了协调三种不同业态的整合，新闻中心制定了如下规定进行协调：不能对不同平台的媒体新闻发布的标准品头论足、指手画脚；不允许说伤害感情的话；不允许因为报道方针的不同而迁怒他人。

值得注意的是，网站在这种“谈判运动”中表现出明显的劣势。

从外部环境看，在坦帕模式试行的时候，认为网站应该有自己原创内容的美国报纸数量在不断增加。比如，这个时候，已经有越来越多的报纸认为，网站的新闻发布不应当滞后于纸报，这样才能真正发挥网站的速度优势。

因此，坦帕的新闻中心最初的构想也是希望成就报纸、电视、网络三方共同话事的局面。然而，在实际操作中，报纸和电视成为主导，而网络只能见缝插针。

另一方面，整合令整个采编部门感到煎熬，这并不仅仅是因为各个采访部门之间那种相互独立同时相互竞争的文化氛围，还因为整合对他们传统的新闻操作方式带来重大的冲击。

比如，新闻中心设有一个专门的编辑部门，负责对各媒体的采访和报道分派任务。她们从前方记者手中收集第一手新闻信息，传送给每个新闻发布媒体。电视台的实时报道并不完全由电视记者完成，提供者还包括报纸的文字记者和图片记者。

报纸记者发现自己受到最大的冲击，当他们发现自己要与电视同行整合时，表现得尤其害怕。

一位《坦帕论坛报》的高级记者这样表述：“对于一直隐藏在署名文章背后的我们来说，上电视实在叫人后怕……（镜头前）一旦搞砸，你就完全没法儿退格。”[20]

这个时候，报社的管理层显示出了一定的强制性。吉尔·特伦是《坦帕论坛报》的主编，同时也是这项计划的制定者之一。面对报纸记者队伍的强烈反映，他认为，就算是要承受巨大痛苦，整合对于报纸还是值得一试。他在为《美国编辑》写的一篇文章中，这样阐述自己的理由：

“我们的目的是服务于读者和观众不断变化的需求。受众现在已经先于我们综合利于报纸、电视及网络。我们理所应当地要在受众需要的任何时间，以任何方式呈现他们想要知道的新闻和信息。对于重大新闻，我们的目标是将它们‘发布’在任何一个最快的平台上，很多情况下会是电视，有时也会是网络。在企业层面，我们希望以一种自然的方式，将记者的工作进行跨平台延伸。”[21]

人们在总结坦帕模式的时候发现，从内容生产的角度看，在坦帕的试验中，确实涌现出很多成功的操作个案。

比如，在坦帕市发生过一架小型飞机在一家银行上空坠毁的事件，供职于网站的工作人员目睹了飞机坠毁的经过，他几乎在同一时间立即在网站新闻中心报道了事发经过。《坦帕论坛报》报道商业信息的记者掌握了受损建筑承租人的文件档案；他把信息首先传送给的不是《坦帕论坛报》，也不是网站，而是电视台。《坦帕论坛报》档案和研究办公室立即通过目击到的飞机尾部数字追踪到这架飞机的主人。《坦帕论坛报》的记者和编辑们则积极为电视台寻找和联系这起事故的目击者，请他们到电视台参与事故经过的介绍和讨论。

从读者的角度看，报纸、电视、网络三条通道相互融合的坦帕模式也对他们形成了一定的新刺激。比如，在坦帕新闻中心投入使用5个月后，WFLA新闻8频道的整体收视率比上年同比增长3%。报纸的发行量和网站的浏览次数也都有显著的提高。[23]

但是，必须指出的是——严格意义上，坦帕模式并不算是成功。

其一，依然没有创新出多媒体平台的新内容。

整合的过程中，网络运营部门曾经相信，整合最终会为他们带来更多的新闻资源；他们表示，“TBO.com欢迎任何‘铲出’以外的新闻”“欢迎更多创造性的新闻表现”。[26]但是，在这个整合架构运作的第一年，这方面的收获甚微。

主编吉尔·特伦曾经这样总结：“我们只是触及多媒体报道的皮毛。将一个平台的新闻有效转化到另一个平台的确是个成绩。但是，我们得学会如何创造出有别于现有渠道的、新的、独特的内容。对于多媒体报道来说，这是未来最为急迫的任务。”[23]

这位报纸主编认为，网络在多媒体中的作用是它的中心平台作用，但是同时，整合的另一层含义也在于，要在现有的报纸和电视内容之外，创造出另一种新内容。

对于大众媒体来说，这是衡量其多媒体战略成败的一个重要因素。但是，遗憾的是，大众媒体后来在这方面一直没有取得突破。

其二，并未达成合理的在线利润。

如上章所述，大众媒体在尝试坦帕模式之前，他们的假定前提是：只要能够将传统媒体的采编运作优势最大发挥，结合以网络的效用，整合的优势就会发挥。但是，市场未能给出满意答案。

大众媒体前期关注的焦点无疑是采编技术层面的整合；到后期，他们的关注点从内容转移到了跨越三个平台的广告整合。但是，市场效果并不明显。

2005年，大众媒体表示，源于报纸、电视、网络三个平台的跨平台广告收入达到800万美元。然而，对于坦帕这样的市场来说，和当地整个广告消费相比，这个数字只能算冰山一角。[24]

第6章 奈特·瑞德之死与报业估值

当奈特·瑞德被出售的时候，它仍然是个双位数盈利的企业，它是美国第二大报业集团，它的利润甚至超过了当时美国的许多财富500强企业。是什么原因导致投资者对一个盈利企业的“错杀”？又是什么原因让投资者抛弃一个仍然在盈利的行业？

奈特·瑞德之死

早在2005年4月，奈特·瑞德管理层与几个投资集团的矛盾已见苗头。

虽然就在此前的一个月，奈特·瑞德还携手甘乃特及论坛报业集团共同获得了新闻网站Topix.net的控股权，其中，奈特·瑞德的持股比例为25%。按照计划，三方共同为Topix网站供应内容，调整后提供给用户，运营收入主要来自于广告相关的分类信息以及授权费用。

但是，这个时候，投资者们已经对奈特·瑞德长期低迷的股价感到不耐烦。他们认为，奈特·瑞德的股价没有反映出其实际的商业价值，甚至公开质疑管理层是否有能力扭转这种局面。

投资者对奈特·瑞德不满的另一个重要原因是，奈特·瑞德的利润无

曾经辉煌一时的奈特·瑞德（图27）

法赶上行业平均水平。2004年，美国报业的行业平均利润是20.5%，当年奈特·瑞德的利润为19.4%。而到2005年，当行业平均利润下滑到19.2%，奈特·瑞德的利润却下滑得更快，只有16.4%。[1]

在这种大背景下，一些股东开始认为，奈特·瑞德的部分业务价值要大于公司整体，或者说，奈特·瑞德总体的价值已经不大了。奈特·瑞德管理层采取了不少措施平息股东的不满，包括大规模的裁员，但是这些措施对股价的拉动并不明显。在7月的股东会后，奈特·瑞德的股价在其后的3个多月内再度下跌达14%。

11月，总部在佛罗里达的私人资本管理公司（Private Capital Management Inc.）再度发难。这家公司拥有奈特·瑞德19%的股权，他们向奈特·瑞德发出一封信，要求出售奈特·瑞德，因为“长期低迷的股价不符合股东的价值预期”。

In Sports: La Salle ends St. Joe's 10-game win streak

Coupons worth $335 inside

The Philadelphia Inquirer

A hidden letter declares: 'My husband ... killed me'

Inside this Sunday

At Medicine's Mercy

Where AIDS is rampant and help scarce

Taliban destroys religious artifacts

Massive snowstorm takes aim at region; up to 2 feet predicted

An unrepentant Nader sticks to his plan

《费城问询者报》版面。尽管它也是美国知名的高质量大报，但同样难逃被抛售的命运（图28）

收到股东要求出售的信函不到两周，奈特·瑞德管理层便告屈服，公司公告称，将通过高盛公司“寻找战略转型……包括出售。”[2]

第二年初，位于加州萨克拉曼多的麦克拉奇报业集团以约45亿美元的价格收购了奈特·瑞德。完成收购后，麦克拉奇立刻对奈特·瑞德旗下的32家报纸进行了再处置——保留了其中的20家，而将剩下的12家公开出售。

那些待售的报纸甚至包括拥有180多年历史的《费城问询者报》。这份报纸历史上曾获得过17个普利策新闻奖，是一度和《纽约时报》比肩的高质量大报，然而这也未能让它从甩卖的名单中逃脱。

奈特·瑞德是美国历史最悠久的报纸之一。它在1974年由奈特报业与瑞德出版合并而成，其历史可以追溯到1800年代。奈特·瑞德历史上累积获得过84次普利策新闻奖，在美国报业历史上留下了很多不容错过的篇章，但是这些都无法让它避免分崩离析的命运。

就在奈特·瑞德遭到投资者抛弃的时候，其他报业集团也正感受到来自股东的不满和压力。比如，2005年9月面对“持续的财务挑战”，纽约时报公司刮起裁员风暴，大手笔裁减掉约500人，占员工总数4%。[3]但是，奈特·瑞德的覆灭仍然令整个行业感到震惊。

这种震惊不仅仅是兔死狐悲式的同命相怜，更隐含着人们对情势急转之下感到的不可思议。

一位奈特·瑞德前高层事后的描述道出了行业的共同心声：“十年前，你能预想到十年后，奈特·瑞德会不存在吗？它曾经是美国最厉害的报纸之一。你怎么能够预想到这种结局？这样的一败涂地？”[4]

奈特·瑞德的管理层受到行业内的批评。一方面，人们为奈特·瑞德感到惋惜，认为管理层没有努力抗争，保持公司的完整。另一方面，人们更大的不满在于，奈特·瑞德让步得过于轻易，以至伤害到整个行业，让“放弃行业”的观点散布到投资者们身上。

奈特·瑞德的CEO安东尼·瑞德事后也承认自己在整个事件中扮演了投降者的角色。他说，自己当时一方面想要努力抗争，但另一方面，又觉得继续争吵下去，也不可能拯救报纸。[5]

报业估值

奈特·瑞德事件后，美国报人广泛感到不可理解的是，就在奈特·瑞德倒闭的时候，它仍然是一家盈利公司，它的利润甚至比许多包括埃克森·美孚在内的财富500强公司的利润还要高。[6]

安东尼·瑞德后来解释说，这正是问题的真正所在——行业本身正在发生某种致命的变化。因此，问题的关键不是在于奈特·瑞德还能不能赚钱，而是过去几年里，报纸行业到底怎么了？

安东尼·瑞德的解释暴露出当时流行于资本市场的“怪象”。尽管放诸整个商业世界，奈特·瑞德还是一家十分赚钱的公司，但是，公司的股价已经不再参照其实际业绩，如季度利润。这导致奈特·瑞德的股票价格被资本市场低估，从而最终引致股东们对于奈特·瑞德业绩的不满。

因为这种情况，当时在各家报纸间流行的一个观点是，报业公司不应当对行业的灾难负全责。这种观点强调了奈特·瑞德的盈利性，将责任归结于投资者的贪婪。典型的指责如乔治亚大学的新闻学教授康拉德·芬克所说的那样：“华尔街只会唱一支歌：多点，再多点。”[7]

另一方面，也有观点认为，奈特·瑞德的遭遇反映出所谓报业“合理利润”的争论。

历史上，由于美国绝大多数新闻企业把持在私人手中，报业在当时美国的许多城市形成了地方垄断，由此这个行业能够为投资者带来显著的财富。在1991年的经济衰退到2000年网络泡沫达到顶点这一时期，报业广告

Shareholder Pressure Leads Knight Ridder to Announce Sale

By David A. Vise
Washington Post Staff Writer
Tuesday, November 15, 2005

An investment firm bought a 19 percent stake in Knight Ridder, the second-biggest U.S. newspaper publisher, and pressured it to sell itself. (By Mike Mergen -- Bloomberg News)

Knight Ridder Inc., which publishes such newspapers as the Philadelphia Inquirer, Miami Herald and San Jose Mercury News, put itself up for sale yesterday under continued pressure from outside shareholders to boost its stock price.

The nation's second-biggest newspaper publisher said it hired Goldman, Sachs & Co. to find a buyer, though it cautioned that a deal may or may not occur. In a sign of the company's seriousness about seeking a buyer,

奈特·瑞德的出售声明震动美国报业。图为《华盛顿邮报》的相关报道（图29）

收入上升高达60%，利润则翻倍到27%。[8]

同样的垄断出现在英国。那里的地方以及地区性新闻也是一个所有权高度垄断的行业。四家主要出版商垄断媒体产业，他们占据了英国媒体70%的市场份额。[9]

由于长时间处于垄断地位，长久以来，报业一直享受着不菲的利润，因此，这些观点认为，媒体董事会在2000年后对于利润的恐慌是一种过激反应。媒体本身实际绝不至于跨掉；即使2008年经济危机时期，一些媒体公司的倒闭也主要是因为它们的杠杆放得太大，在网络泡沫时期收购了太多资产、承受了过高的债务。因此，它们的倒闭是因为负债过多，而不是自身的经营。[10]

不管怎样，上述两种观点的共同核心在于——奈特·瑞德遭到错杀。

报业的这种观点引发争论。

凯斯·L. 赫恩登指出：认为奈特·瑞德被错杀的关键在于，他们没有意识到，华尔街不再以报业公司现在的表现对他们估值，而是基于他们在互联网时代的预期而进行估值。按照当时流行的观点——报业公司不可能长期保持同样的利润，这其实是投资者对奈特·瑞德下杀手的根本原因。[11]

皮卡尔持同样的观点。他认为，正是由于投资者这种潜在的心理预期，最终造成投资者对报业公司短期利润的要求甚至更大于其他公司。因为在其他公司，你能够清楚地看到一个可持续的未来。[12]

皮卡尔表示，因为缺乏一个可信的长远策略，投资者的投资逻辑可以表述为——“投资者想要获得的是好的回报。为了获得好的回报，他们宁愿用公司长期的增长和稳定来换取短期的利润。但是大多数公众发行的报业公司并不能够为投资者提供可资依赖的远景，除了短期、高于平均水平的季度利润。由于存在这种观点，投资者对于董事会和管理层的压力便集中体现在更高的短期回报上。这样，他们便可以在短时间内收回资本。”

皮卡尔指出，一旦报业与资本市场建立起了这样一种投资逻辑，基于这种短期回报的模式，报业无疑转而陷入恶性循环——管理层聚焦于成本控制，最终导致不断削减任何涉及长远策略的投资。

报业的这种投资模式到底能够持续多久？罗森提出“盈利至死”的观点。他认为：就算引擎爆掉，他们也不会停车。那么车子什么时候才能停下呢？到它自己撞烂的那一天。[13]

奈特·瑞德停下来的时候，显然还没有到撞烂的那一天，因此，这可能也是行业不满的重要原因。潜意识里，行业认为，奈特·瑞德至少要坚持到撞烂的那一天。

在麦克拉奇接手奈特·瑞德之后，投资市场对于奈特·瑞德的决断思路，同样折射在麦克拉奇的身上。

当奈特·瑞德被出售的时候，人们预计当时全美最大的报业集团甘乃特集团以及华盛顿邮报、大众媒体等行业巨头都可能会对奈特·瑞德这个全美第二大报业集团伸出的橄榄枝感兴趣。

但现实的情景是，麦克拉奇报业集团成为唯一一家竞标者。行业分析人员发现，这与15年前的情况已经截然不同。当时的报业并购中，往往有12—14家竞标人同时争夺一个标的。[14]

整个投资氛围已经不再偏向报业集团。人们感到，投资者对奈特·瑞德的兴趣乏陈暗示着这个行业的整体情况并不乐观，至少在资本世界。

麦克拉奇报业集团的CEO加里·普鲁伊特是忠实的报业拥趸。收购奈特·瑞德时，加里·普鲁伊特坚持认为，奈特·瑞德的股东对报业公司做出了错误的决定。他说："悲观情绪弥漫着这个行业……但是，我们认为，这种信息的传导是错误的。报纸仍然是拥有庞大读者群的盈利行业。"[15]

麦克拉奇收购奈特·瑞德的消息传到中国时，当时国内也曾经出现过令人振奋的声音——"以胜利者姿态出现的麦克拉奇集团似乎为陷入困境的报业指明了一条道路。"[16]

不过，现实的情况是，麦克拉奇的管理层因为这次交易受到广泛批评。有人称，麦克拉奇犯了一个大错，他们是在一个没落的行业中"加料失误"。麦克拉奇在这次收购后，尽管"精选"了其中它认为有价值的报纸留为已用，并在规模上从全美报业第八一跃为全美报业第三，但是其股价在这次收购后仍然被低估，并持续低迷。2009年3月的消息显示，麦克拉奇在不到一年的时间里裁掉了4 150个岗位，裁员比例超过1/3。[17]

游戏规则

奈特·瑞德的覆灭再一次显示报业对于资本市场游戏规则的陌生。奈特·瑞德倒闭后，美林的一位分析人士称，她曾经向奈特·瑞德的股东提过建议，采取另一种策略而不是出售报纸。“我说，如果你们对新经济有信心，认为网络会是最后的赢家，你们可以贴上‘努力推进’的标签，表示盈利将走低，直到祭出新的策略。”[18]实际上，就在2005年3月，奈特·瑞德还参股了一家网络公司，这也在很大程度上证明奈特·瑞德当时并没有放弃在网络世界的尝试。但是，很遗憾，投资者们最终放弃了这种努力。

这并不是报业第一次显示出对资本市场游戏规则的陌生。早在十年前，当时的评论家已经警醒报业要关注资本市场的游戏规则。

1995年8月，美国第一支网络股票——网景公司（Netscape）以28美元一股的价格在美国纳斯达克上市。挂牌当天，盘中价位一度上涨到74.75美元，虽然最后的收盘价是58.25美元，但是高达208%的涨幅仍然造成了极大轰动，带动起后来风起云涌的网络创业热潮。随着网景的上市，投资银行、创投基金及证券承销商，纷纷建立网络研究团队。1996年2月，由摩根斯坦利产业分析师玛丽·密克执笔的“网络报告”（The Internet Report）正式出版。这份报告不仅让密克一战成名，也带动其后摩根斯坦利成功完成对Yahoo、eBay、亚马逊等的辅导上市，燃烧起“非理性繁荣”的网络上市热浪。

在1996年的报告中，密克写道：“我们尝试为这个新出现的市场建立起分析的框架，但其中有两件事是确定的，其一是成长力度将会相当显著；其二是从公司、策略到市场的架构，都将面临巨大的变动。”

网景公司带来的网络热潮，以及密克的研究报告，让当时的美国报人看到这样一幅景象：大量的资本投向还没有明确未来的公司。

当时的一位报业顾问凯瑟琳·柯瑞乐，同时也是美国报业协会的一位高级副主席。她发现，金融市场更关注能够带来创新的公司，而根本不去考察公司的商业血统。她这样表示：“‘内容为王’很容易受到伤害”，“报纸带来容量和资金……但是对于街上那些知道怎样制造和使用工具的孩子们来说，他们不会选择报纸。我们需要了解那些孩子在想什么”。[19]

凯斯·L. 赫恩登认为，这实际上说明，早前，诸如报纸这样的传统媒体因为其内在的内容价值，一直被认为是电子信息时代的重要玩家。然而，因特网早期的发展证明——功能、互动以及社群甚至会超越内容，变得更为重要。[20]

但是这一时期，美国报业显然并没有注意到这个趋势，也没有关注到资本市场的游戏规则。

另一个令人铭记的例子是NCN。在上章中，我们谈到，NCN曾经面临一次极好的引入投资者的机会。但由于部分股东过于保守，他们害怕面向公众发行，想要保持NCN私人企业的身份，甚至还惧怕未来可能的分红……种种因素导致NCN最终错失资本市场的“补血”。

但是，NCN的例子依然没有令美国报人警醒。2000年美国的网络热潮已经达到顶峰。1995年，美国股指还只有800点；到了2000年，已经一路飙升到了5 100点。股市的大涨让当时的科技公司手握大把钞票，四处并购。

有学者这样描述当时人们投资网络的热潮：投资者都成了投机者，投资成了赌场中的赌博游戏。人们仅仅凭所谓单个用户访问数来臆测公司的价值，而丝毫不考虑最基本的商业要素，如销售收入和成本控制。[21]

在这一大背景下，诞生了AOL与时代华纳的并购案。很大程度上，导致这宗并购案的正是当时的网络热潮。如前文所述，格森和阿尔哈桑认为，AOL并购时代华纳的根本原因在于交易完成后，AOL作为并购方的角色。“交易最大的特别之处在于，AOL并购时代华纳后将诞生世界上最大的媒体公司。这个概念就是网络经济的本质，凭着这个概念，华尔街将给新公司远超其实际价值的估值。”

这个时候，报业终于开始有所行动。个别报业公司，如《纽约时报》将新媒体部门分治后组建成独立运作的时报数码公司（New York Times Digital）。当时，时报数码公司的核心是《纽约时报》的网络版，它只有40多个专职编辑，没有记者；内容主要来自纸报。《纽约时报》当时决定全力发展新媒体，计划将时报数码公司拿到股票市场，直接上市融资，这件事一度成为美国新闻界的头条新闻。考克斯报业集团也计划将旗下的网络公司分拆上市。然而，就在这些计划推进的时候，美股网络泡沫开始破灭。

2000年底，最多网络公司上市的纳斯达克市值已经跌去一半，纳指不到2 500点。当时，“布隆伯格美国因特网指数”（BLOOMBERG US INTERNET INDEX）对280家上市网络公司的股票跟踪调查显示：这些公司的股票市值最高曾达到2.94万亿美元，而到2000年已经不足1.3亿美元。

网络股的倒霉让报业感到庆幸。《哥伦比亚新闻观察》的一段表述描述了2001年美国报人的这种心态：“网络热潮惊心动魄。它袭来时，曾勇敢宣告旧媒体将要告终；而当它结束时，在袅袅余烬中，你能看到屹立其上的旧媒体和它们的品牌。”[22]

人们不仅看到网络灰烬上的传统媒体品牌屹立不倒，更加乐观地认为，传统媒体的优势将继续传导到网络的下一个时代。

当时负责奈特·瑞德网络运营的一位负责人这样表示：“经历了第一个阶段的创新和实验期之后，我们正处于网络的第二个整合阶段，并看到一些可行或不可行的商业模式；接下来的网络第三阶段中，从前两轮竞争中存活下来的人将收获网络成长的丰厚果实。”[23]

网络泡沫的破灭，意味着报纸已经完全错过了资本市场的这一轮投资机会。但是，报业不仅没有反省，为什么一直向网络进发的自己没有参与到资本市场的这轮以网络为主角的游戏中，他们反而庆幸自已躲过了泡沫。

2006年，奈特·瑞德被出售，这被一些学者视为美国传统报业运营模式终结的一个标志。[24]

在此之后，2000年代后期，美国报业经营继续恶化。一些原本盈利的报业也转向亏损，投资者对于报业的估值不断走低。到2000年代末，股票市场上的报业交易价格已经接近或达到历史最低点。[25]

“股神”巴菲特对于报业的看法，无疑成为投资市场对于报业估值的代表。尽管，巴菲特在20世纪80年代曾经对报纸行业十分推崇，但是到2000年代后期，他的态度已经180度大转弯了——

“对绝大多数的美国报纸，我们不论什么价钱都不会买。它们的亏损可能没有止境。”“报纸曾经对美国公众来说不可或缺，但是随着包括网络在内的其他内容的出现，报纸的重要性已经显著下降。”[26]

2011年，巴菲特花2亿美元收购了一家日报——《奥马哈世界先锋报》。巴菲特表示，这主要因为这家日报带来稳定的收益，但更多人认为，更重要的原因是因为这家报纸位于巴菲特的老家，他只是不希望看到自己家乡的这份报纸消失。

第7章 探索中的商业模式

本质上，传统媒体今日面临的危机是新闻商业模式的危机。这场危机无关受众的潮起潮退。人们对信息以及新闻的饥渴从未改变，甚至更甚于从前，更饥渴于新闻的广度、深度与质量。然而，新闻媒体本身却正身陷危机。这场危机本质上是驱动新闻业的资金危机。

随着19世纪中期广告的诞生，没有哪一个读者为新闻付出过全部成本。[1]

电视节目依靠广告来回收成本，报纸通过发行和广告弥补成本和其他开支。发行环节虽然可以部分弥补采编的成本，但报纸更重要的收入渠道依然是广告。

在以往的年代，广告之所以追逐电视或报纸这样的传统媒体，是因为受众在那里。在那个年代，传统媒体是受众唯一的资讯通道和娱乐工具。但是，随着网络的发展，今天的受众已经有了许许多多其他的娱乐以及获取资讯的通道。传统媒体只是其中的一条通道，而非唯一一条。受众的转向，不可逆转带来的是广告商的转向。

2012年，联想将传统媒体广告投入缩减到1亿元，2013年则进一步缩减到4 000万元。2014年刚到，海尔宣称将停止投放杂志硬广……在国内，人们感到，这种方向的转变正在变得越来越清楚。在国外，情势的显露更为久远。宝洁公司早在1996年就已经开始了以点击率定价的网络广告投放。[2]

翻看美国报业的相关数据，传统媒体利润领地的收缩已然预演。

美国报纸广告在2000年达到顶峰，而后出现衰退，并面临在线广告越来越强有力的竞争。在20世纪90年代，报纸广告的增速已经开始落后于其他媒体，20世纪90年代中期，电视业在有线广告的带动下，一度占据了美国媒体广告的最大份额。人们也曾希望在线广告能够挽救报业广告的下降趋势，但现实与愿望未能一致。到2005年，美国报业的在线广告收入只有20亿美元，当时全美报业的广告总收入是494亿美元。接下来的五年里，整个报业的在线广告只增长了10亿美元，在2010年达到约30亿美元。但与此同时，报业的纸质广告却大幅下滑到了246亿美元。[3]

广告下滑的同时是报业发行量的下滑。1970年代到1980年代，美国的报业发行基本保持稳定。但是到2005年，全美日报发行只有5 300万份，在过去15年中下滑14%。[4]接下来的五年当中，日报发行量继续下滑15%。[5]从1980年到2008年，全美共有337家日报停止出版。[6]

数据抑或事件，种种事实纠集在一起，传达出来的是同一个声音——

读者正在背弃传统媒体，广告商也越来越不愿意再为传统媒体的广告买单。

对于传统媒体而言，这意味着现实的考验——制作新闻是一项成本高昂的工作。基于有一种有组织的结构，通过高质量的专业服务向社会提供相关的信息并不便宜。它需要大量高素质、受到良好训练的专业人士，以对社会发生的每一个信息，哪怕是极细小的波纹做出反应，从而梳理出民众认为有意思、有价值的内容。

因此，本质上，传统媒体今日面临的危机是新闻商业模式的危机。这场危机无关受众的潮起潮退。人们对信息以及新闻的饥渴从未改变，甚至更甚于从前，更饥渴于新闻的广度、深度与质量。然而，新闻媒体本身却正身陷危机。这场危机本质上是驱动新闻业的资金危机。

从20世纪七八十年代对新媒体的尝试开始，西方传统媒体一直在重构新闻商业模式的路上不断摸索。这些摸索对于探索新媒体环境下生存的中国传统媒体有着诸多借鉴意义。

基于内容的商业模式

对内容收费是个古老的创意。在过去的百年历史中，报纸秉持“内容为王”的理念，一直坚定地践行在这条路上。

在网络带来的新的传播环境中，内容仍然是传统媒体看重的重要盈利通道。这不仅仅是过往“内容为王”思想在网络的延伸，更重要的是，人们还没有寻找到其他的、足以完全替代内容的盈利途径。

早期的内容出售

专业化的内容出售商可以追溯到网络出现以前。那时，在新闻业以外，已经有人窥伺到内容出售的商机，以商业化的手段向客户出售“数据”。典型的个案如20世纪70年代在美国出现的一家公司——CompuServe。

提到CompuServe，你也许感到陌生，但提到 gif.图形文件格式，你可能会很熟悉，事实上，gif.的文件格式就是CompuServe公司在1987年开发出来的。

CompuServe一开始只针对公司用户提供数据，当它的客户包括财富500强中的120家公司后，它开始在数据中增加财经信息。[7]

随着个人电脑开始流行，CompuServe将业务扩展至个人，他们向进入数据库的个人客户白天每小时收费22.5美元，晚上6点后，因为公司用户基本已经不再使用，个人用户每小时只需要付费5美元。CompuServe向消费者提供包括证券评论、商业新闻、电子邮件、公告板、电脑游戏甚至《美好家庭与园艺》杂志上的文章等等。[8]

如果和国内现有的公司相比，CompuServe的内容业务某种程度上有点类似于目前国内致力于股票市场信息的上市公司大智慧。不过，40多年前的CompuServe并没有这么专业。它当时的竞争对手不是报纸，而是杂志。

因为CompuServe的出现，美国的《读者文摘》杂志开始推出一项"The Source"的服务，同样针对个人电脑消费者。到1985年，CompuServe与The Source的订阅用户甚至达到32.5万人，但是相比当时日报的庞大发行，这个数字依然很小。

时间推进到20世纪80年代，一些电子图书馆开始在美国出现，向专业读者提供信息检索。这个新事物让一些美国报纸也开始对向读者提供报纸的电子版产生很大兴趣，同时也对电子图书馆专业的数据管理经验感到浓厚的兴趣。

1980年，道琼斯推出了道琼斯新闻/检索系统（Dow Jones News/Retrieval system），向读者提供道琼斯以及部分《华尔街日报》精选内容的链接。同年，《纽约时报》推出Infobank向读者提供新闻的电子版全文报道。[9]

到1985年，全美约有50家报纸通过自己的服务，或者借助第三方通

1996年的CompuServe 3.0的界面（图30）

道，如Nexis, Dialog, Data Times等向读者提供自己的电子版本。[10]

但是，遗憾的是，当时的媒体行业未能为自己电子图书馆式的“内容销售”寻找到成功的商业模式。

如前所述，尽管市场上已经有一些公司成功地将内容销售给了大的企业公司或图书馆用户等专业受众，但是不论是CompuServe还是电子图书馆，它们针对的都还只是特定的“小众”用户，而非“大众”。对于报纸来说，将这种模式复制到普通消费者身上的可能性仍然模糊。

当时的《华盛顿邮报》副主席克里斯托费·彭斯曾经这样描述：“对于大公司来说，更快、更及时、更准确的新闻可以为他们带来切实的利润。……但是如果只有成本而没有收益，（普通消费者）不会去买更多的新闻，特别是更多的专业新闻。如果他们确定自己需要知道更多，他们肯定会买。但关键是，我们并不太清楚他们想要知道得更多。”[11]

1983年，纽约时报将Infobank卖给了Mead Data Central（这家公司当时还是Nexis database的母公司）。[12]

时间推进到20世纪90年代。网络开始出现，这种全新的、开放的传播通道对报业的传统传播路径带来日益强烈的冲击。

但是，在网络出现的早期，美国的报业采编人员实际上仍然持有相当的心理优越。当时十分流行的一个声音是：报纸的内容是无价的；同时考虑到采编所需要的大量专业人才，因此内容竞争有相当的进入门槛。

当时的报人对自己拥有的内容十分珍视。石油在当时已经被比喻为“黑金”，于是有人用“黑金”来比喻信息。通过下面这段表述，你可以对当时美国报人的这种心态管窥一二：“北美报纸出版商们坐在财富池上……黑金就是信息，数以十亿字节计、以数字化形式呈现的信息。它们由一群思想睿智、经验老到的记者、编辑整理出来；由天才的摄影师配图；由专业的信息处理行家设计图表……”[13]

基于这种心态，报人们臆测：将自己无价的内容放在网上，令它们更易获取，那么相对地，他们应当获得更大的收益。报纸纷纷将对自己的内容进行归档，开始允许用户首次进入新闻库房。

但是，如我们今日所看到的，报业内容的开放并未取得预期效果。这除了归因于网络传播渠道的开放性带来更多内容通道以外，更重要的因素在于网络之于受众的功能已经远远超过内容的获取。

这个时候的美国报人显然已经忘记早期Viewtron试验留下的宝贵经验。Viewtron订阅用户在系统中80%的时间是用来“互动”，如接收邮件，公告板，学习指导等，而不是浏览新闻。这显示——受众对“互动”的需求已经超越“内容”。

某种程度上，“内容为王”的心态是网络出现早期，报纸电子版照搬纸质版本内容，而不考虑原创的根源。也因为如此，直到2000年代，相当比例的美国报人仍然认为，报纸网站上的内容不应快于纸质报章的内容。因此，这一时期，绝大多数的美国报纸都不约而同地选择在纸质版出街后才将内容上传到网站。

向“门户”收费

1997年，门户（Portal）这个词开始出现在美国新闻业；到1998年初，这个词已经成为行业讨论的主流话题。[14]

（图31）

人们为门户概括了至少五个特点：搜索、新闻、参考工具、在线购物、交际（如邮件、聊天、留言板等）。门户的建设基于两种基本功能：其一，提供诸如上述各种使用性；其二，聚焦使用者，形成庞大读者群，由此产生利润，最典型的方式是通过广告获利。[15]

为什么早期的美国报人并没有对采用他们内容的门户进行收费？很大程度上，这可能是因为早期的门户公司都披着“科技”的外衣，以“科技公司”的姿态出现。

尽管他们也是通过广告获利，但早期的媒体人并没有对这种新型业态产生足够的警惕，更没有人想到将这些门户公司视为媒体公司，甚至门户公司自己也没有意识到自己骨子里的“传播”基因，而更愿意强调自己的

“科技”血统。

所以，你会发现，在门户公司勃兴的早期，传统的媒体和电子通信公司都没有涉足门户公司的建立。这造成一个事实——门户公司早期的发展独立于传统媒体，而后者对其几乎没有发起任何抵制。[16]

美国的一些学者分析早期门户公司成功的原因，认为这一方面是因为它们对内容进行了整理归类；另一方面，是因为它们提供了搜索和邮件服务，这让用户感到这些门户网站不仅仅是针对内容的门户。曼赛尔将门户公司的这种特点归纳为“供应垄断策略”（supplier monopolizations strategies）。[17]这种策略的本质是通过为用户提供“一揽子”服务，令服务的种类达到一定规模，从而形成向心。

这实际上原本是多年以前美国报纸一直努力希望达成而又未能达成的目标。

早期的报业未能对使用其内容的门户收费，客观上的另一个重要原因是20世纪90年代报纸对自己的新闻网站一开始就实施的是免费政策。一开始，人们迷醉于如何将自己的内容发布在网络通道，而并没有思考相关的商业模式；等到人们开始考量广告的问题时，他们又理想化地认为，只要将自己的内容发布在网络上，吸引到足够的关注度，那么他们在现实世界的成功商业模式也可以拷贝到网络世界中。但是，遗憾的是，由传统媒体“守门”的传播环境已经被打破。

美国报业专家阿兰·穆特后来将报纸对其网站实施的免费政策称为报业的“原罪”。[18]

令人反讽的是，网络在发展过程中也曾遇过同样的“免费”陷阱，不过，他们从一开始就聪明地跳了过去。

例如，比尔·盖茨在1976年就注意到，有业余爱好者在免费分享他和同学编写的Altair BASIC代码。盖茨写公开信给软件开发电脑俱乐部成员，要求他们停止这种行为。他表示：“你们的行为将阻碍优秀软件的开发，谁能不计回报地开发专业化的软件呢？”[19]

今天报业遇到的情况无疑是这种陷阱的加强版。报业等传统媒体不间断地在现实世界生产新闻，而最大量的广告营收却源源不断地流入了搜索引擎、门户网站以及新闻聚合等实际不生产内容的互联网公司手中。《时代》周刊前主编、CNN前董事长兼CEO沃尔特·艾萨克森这样描述："我们身处一个奇怪的世界：电话公司可以让儿童在发送一条短信时习惯性地支付20美分，但在技术和心理上，却很难让成人为一本杂志、一份报纸或一条新闻广播支付10美分。"[20]

报业正处于与在线媒体的殊死搏斗。在过去的十年中，在线媒体是所有媒体中唯一保持受众增长的。[21]其中，新闻整合商的表现尤为亮眼。据Outsell 报告（2009年），57%的用户通过在线渠道获取新闻，他们也更倾向于访问新闻整合网站（31%），而不是报纸网站（8%）或者其他网站（18%）。

皮尤研究中心2012年报告也显示，网络新闻整合商（Yahoo！新闻，Google新闻，MSN，AOL新闻以及赫芬顿邮报）在美国吸引的网上新闻流量超过50%。在韩国，情况更加突出。基于两大搜索引擎的流量占据了报纸新闻流量的85%，其中，搜索引擎NAVER一家就占据了70%的流量。

超越门户网站成长起来的新闻整合商力量越来越大。它们与报纸的矛盾便也越来越难以回避。早期比较出名的较量是2009年新闻集团的大老板鲁珀特·默多克对谷歌的叫板。叫板的最后结果是新闻集团与谷歌达

随着网络对人们生活的渗入，报纸与门户网站间的版权斗争越来越无可回避（图32）

成妥协，由后者采取措施修补漏洞，以免出版商已经要求收费的内容免费出现在谷歌新闻上。但是，谷歌显然对这种妥协并不心服口服。当时，谷歌CEO埃里克·施密特就这个问题专门在《华尔街日报》上发表文章，称公司从谷歌新闻的广告中获得的收入仅占公司营收的“很小一部分”，因此，谷歌不应该成为新闻界不满情绪的替罪羊。

埃里克·施密特（图33）

总之，随着网络社会的不断向前推进，新闻整合商继续高歌猛进，而以报业为代表的传统媒体则江河日下。双方的矛盾愈演愈烈，随之引发一系列的正面冲突，并开始引起很多国家政府或监管部门的重视。比较有影响的较量包括下面这些。

2009年到2010年，美国联邦贸易委员会（FTC）就“新闻业未来”召集了三次小组讨论，并发布了广受争议的“讨论纲要”，其中暗示将要进行版权改革以保护报业不受到新闻整合商的伤害。

在欧洲，一些德国的报商控诉，谷歌通过在其新闻汇总栏目——“谷歌新闻”的搜索结果中展示他们的报纸内容而受益。德国政府后来对Google的“Lex Google”实施了一项法律，目的就是要求Google就其搜索结果中出现的文章摘录进行付费。意大利也已经通过了同样的法律。[22]

法国的报纸据称也在计划通过类似的法律。在法国，此前法国发行商对谷歌的斗争已经取得一定胜利。2012年下旬，法国发行商表示，由于谷歌在搜索引擎中提供了来自发行商网站的文章标题和摘要，因此应当支付授权费。这一纠纷引起法国政府介入。2013年2月，法国总统奥朗德和谷歌大佬埃里克·施密特最终共同签署协议，谷歌将出资6 000万欧元（约合8200万美元）成立一只特别基金，帮助法国传统媒体开发互联网服务，但谷歌不会因搜索引擎提供媒体网站内容链接而付费。除成立这一基金之外，谷歌还将利用其广告技术，帮助发行商提升营收。

不论是法国传统媒体还是法国政府，他们在这场斗争的表现都十分强硬。在最终协议达成前，奥朗德甚至表示，如果双方无法达成协议，那么他将推动立法，迫使谷歌向媒体公司支付授权费。在谈判过程中，谷歌位于爱尔兰的欧洲总部还因对法国广告主的收费突然遭到税务检查。此前数月，法国《鸭鸣报》报道称，法国政府要求谷歌补缴10亿欧元（约合12.8亿美元）税款。[23]

同样的斗争发生在巴西和比利时。2012年10月，150多家巴西报商选择屏蔽谷歌新闻搜索（虽然他们的网站仍对谷歌的主力搜索引擎的搜索结果起重要作用），因为他们认为，应该有人对自身的付出埋单。令报人欣慰的是，这次行动的结果显示，报业新闻网站流量只降低了5%。而在比利时，一群比利时报商控告谷歌的侵权行为取得胜诉。谷歌将对此判决提出上诉，但可能不得不以支付一笔损害赔偿金而告终。[24]

一言以蔽之，随着网络社会的演进，传统媒体之于网络整合商等的斗争已经在全世界范围内风起云涌，展开一幅又一幅辽阔画卷。

此起彼伏的争论中，双方观点针锋相对。

一方面，内容生产商认为新闻整合商通过窃取他们高质量的内容而谋利。这转而导致内容生产商失去生产的动力。比如新闻集团的大老板鲁珀特·默多克就曾明确将搜索引擎和网络整合商定义为一帮“内容偷窃狂”，称他们是“寄生虫或技术绦虫，寄居在网络肠道中”。ITV的安迪·邓肯也抱怨：“谷歌比ITV获取了更多的广告收入……但他们却从不向内容或独立的影片制作公司投资，这很不公平。”人们普遍认为，天下没有免费的午餐，网络整合商、门户、搜索引擎应当对内容的使用付费，或者应当对内容制作投入费用。

对于报业的指责，网络整合商们做出回应。他们认为，整合商为新闻网站带来了巨大的流量。比如，2010年，谷歌就在对FTC报告的反击中声称，谷歌每月通过谷歌搜索、谷歌新闻以及其他产品给各类新闻网站带去了40亿的点击量。谷歌认为，每一次点击以及每一次访问都为出版商们提供向用户展示广告、注册以及就内容收费等商业可能。

对于传统媒体指责的“内容偷窃”，Google的CEO埃里克·施密特曾引经据典这样回答：

“1920－1930年代，美国报纸针对广播发起了一场猛烈的革命，深恐广播会将他们从新闻事业中扫除。这场战争最终胜利，因为报纸仍然保持了他们对新闻的影响力，并且继续把持着广告份额。

“数年后，他们有了新的斗争目标。报纸编辑这样说：‘我认为他们是寄生虫’‘他们应该自己制作新闻而不是抄袭我们的。’听起来是不是很熟悉？实际上，这样的指责并不针对谷歌。它来自于1957年。当时，报纸抱怨电视强占他们的新闻领地。但是后来事实证明，这种担心也不成立。”[25]

可是到底谁来为高质量的新闻内容埋单？一旦报纸无力再支撑高成本的新闻内容制作，谁还能够成为高质量内容的供应者？

双方各执一词之下，有人寄望，有朝一日，互联网公司能够自己投入费用加入内容创作的大军。不过，至少在目前，这种可能性依然十分渺茫。

2011年，埃里克·施密特在爱丁堡国际电视节上明确对这个问题做出过回答。他说：“有人提出，谷歌应当直接投资电视内容。但是，关键问题在于：谷歌是一个科技公司。我们通过各种自动化软件向人们提供各种与内容有关的活动平台，我们根据广告商选定的内容展示广告。但是我们从未有过涉及内容制作的野心，也完全不知道该怎么做。相信我，如果让谷歌的人去制作电视节目，你们最终恐怕看到的会是科幻片。”

按照谷歌的说法，他们“会对内容提供资金支持”，比如向包括报纸和广播电视在内的出版合作方提供资金。谷歌同时认为，他们对于内容的贡献还体现在他们在IT基础设施的建设上。

“谷歌的力量在于它提供的平台。”施密特总结说，“因此，根本上说，我们的钱注重的是投资于平台发展，而不是内容的创作。一个面向全球20亿观众的免费平台，这是我们的力量所在，也正是我们对于电视事业的贡献所在。”

总之，针对内容生产成本该由谁来埋单、该怎样分担的争论仍然在路上。但是，也有悲观的观点认为，即便让网络整合商、门户、搜索引擎就内容的使用付费，这可能也只是传统媒体摊平成本的通道之一。这种观点认为，从目前的情况看，即便很多国家确实让谷歌为自己取用的文章标题和摘录片段付钱，也依然难以填平报业的收入缺口。

另一种更激进的观点认为，让谷歌为其取用的文章埋单“就像是试图通过禁用古腾堡的印刷机来保住抄写员的饭碗”。[26]

事实上，历史的确曾经上演过印刷机与抄写员抢夺饭碗的真实一幕。

1986年1月26日，当时的鲁珀特·默多克已经是英国最大的报业大亨。他在那一天秘密地将旗下四家全国性报纸：《泰晤士报》《星期日泰晤士报》《星期日电讯报》以及《世界新闻报》，搬到了位于沃平的一个编辑总部。由记者输入内容，而不再依靠以往从卡克斯顿时期（英国第一位印刷商）一直流传下来的依靠大规模人力抄写的生产过程。这个举动引起当时的印刷业工会的强烈反对，他们在新办公室的周围围堵长达一年多。但是最后，印刷业不得不接受的事实是：他们的时代已经终结。[27]

不过，今日的情形或有不同。报纸并不拒绝新的传播工具，他们寻找的是解决成本的资金。

付费墙

付费墙（paywall）是内容出售的延伸，本质上是基于发行的商业模式。与CompuServe、电子图书馆等早期专业化的内容出售不同的是，付费墙的收费对象是大众而非小众。

既然纸报不是免费的，为什么电子报要免费呢？这是付费墙背后隐藏的收费逻辑。而付费墙最浅显的意思是，读者需要付费以通过这座假设的墙，看到墙后的内容。

但是，引入收费并不容易。从行业本身看，免费新闻由来已久。免费的电视新闻在1950年代兴起，而1990年代许多报纸的网上内容一开始就是

paywall（付费墙）是内容收费在网络世界的延伸（图34）

免费的，在这种大背景下，半路杀出来的内容付费受到很大的抵制。

以美国为例，2005年9月，《纽约时报》引入付费服务“Times Select”。这种服务每月收费7.95美元，作为回报，你可以看到《纽约时报》的专栏稿件并且查阅《纽约时报》的新闻档案。不过，两年后，这项收费服务被取消。2005年12月，CNN也启动了网上的“管道”服务（“Pipeline”）。这项服务每月收费2.95美元，读者可以看到即时的在线重大新闻。不过，这项服务也在2007年被取消。

早期的报业尝试中也有成功者。比如，《华尔街日报》早自1999年就开始有付费内容。但是，《华尔街日报》的成功在于它专注的财经新闻对于商业和投资群体来说具有真实的价值，这令《华尔街日报》的内容可以从其他新闻内容中差异化出来。

再如《消费者报告》杂志也有很长的内容收费历史，但是这很大程度上要归结于它具有独家的消费品评级（consumer product ratings）。《花花公子》杂志也对其在线版本收费了很长时间，但是它的成功，原因可能更加明显。

除此之外，许多专业期刊或者学术期刊也开展网络收费。但是，他们显然都遵循着同一个道理——你得有别人没有的东西。[28]

尽管如此，在多重因素的压力下，越来越多的报纸对于向大众收取门票的“付费墙”产生兴趣。2010年4月，美国还只有不到30家报纸采用付费墙，而到2011年下半年已经有超过100家媒体采用了付费墙。[29]

曾经退出收费政策的《纽约时报》也加入到谴责谷歌的行列中，从2011年开始重新对在线读者收费。在线读者每月可免费阅读20篇文章，超过20篇就需要付费了。不过纸质版《纽约时报》订户仍然可以继续免费在线阅读。

2012年，对于美国报业来说应该是比较重要的一年，因为付费风潮在这一年进一步明显地向大众报纸普及。

2012年6月，甘乃特公司宣布，除旗舰报《今日美国》以外，将对旗下的81家日报，逐步推出网上订阅政策。消费者可以有两种价格选择——选择价格A，消费者可以收到纸报，并在任何一种移动设备上浏览报纸内容；价格B稍微便宜，但是消费者只能在移动设备上看到报纸。而那些不愿意付费的读者，登陆甘乃特报系后，只能获得一个月的免费试读，此后就被要求付费。按照甘乃特当年的说法，他们预计，一年以后，这项措施将会为他们增加1亿美元的收入。[30]

同样在2012年，《洛杉矶时报》和《芝加哥论坛报》也宣布采用付费政策。另外两家面向大众发行的都市类报纸《芝加哥太阳报》以及《星论坛报》也在早些时候启动了付费政策。

付费墙在报业中的扩散虽然并不能马上扭转报纸的经营状况，但还是成功地遏制住了发行渠道的下滑。据美国发行核查局2012上半年的统计，美国报纸发行量已止住下跌趋势，其中的得力措施正是“付费墙”。

以《纽约时报》为例，截至2012年3月底，该报在工作日的发行量在过去6个月里平均达到了160万份。这个数字比2011年同期，也就是网络付费实施之前，增长了70%。不仅如此，《纽约时报》网络版的发行量超过80万，甚至高于它的纸报发行量（78万份）。

实施收费的报纸中，相当多的是采用了“计量付费”的办法。“计量付费”（metered paywall）指的是，在访问达到一定数量后开始对内容收费。这种付费方式最早为英国的《金融时报》所尝试。[31]

《纽约时报》网站NYtimes.com的总经理丹尼斯·沃伦曾经对《纽约时报》这种“计量”的付费政策做出过解释。他表示，《纽约时报》的网上付费墙就像是在不愿意付费的偶然读者（causal readers）与愿意付费的忠实读者（committed readers）之间“穿针引线”。[32]

因此，“这种模式的设计并不指望所有到访网站的人都会付费”“大部分的人进来只是看一两篇文章……但是仍然有一群忠实读者，他们愿意为内容付出费用。因此，对于我们来说，这种模式的关键在于穿起这条线——保持对于网络的开放性，让那些到网上来浏览一两篇文章的人可以继续享受那些内容，但是同时让那些忠实读者获得更多的、不同的体验”。

不过，到目前为止，付费墙还没有被证实是足以支撑报业走出困境的可资持续的商业模式。

《经济学家》杂志建议称，“许多报纸设立了付费的app，但是，如果消费者可以通过网上浏览器免费浏览网页，这种做法一点也没有必要。”[33]而花旗集团的一位分析人士也曾以《纽约时报》为例指出，即使这些付费用户对于报纸的年收入贡献达到7 500万美元，但在平面广告下滑带来的亏损中，还有500万美元的空缺不能弥补。[34]

此外，需要指出的是，到目前为止，报纸行业本身仍有相当比例的报纸坚守着免费政策。比如，英国的《每日邮报》以及《卫报》都选择不采用付费墙政策——根据美国知名的互联网统计公司及流量跟踪分析公司comScore的数据，截至2012年初，这两家报纸的在线网站是欧洲排名最靠前的两家新闻网站。[35]

这意味着，通过免费发布内容而换取关注度仍然有其存在的合理性。不过，需要指出的是，《卫报》采用免费政策的另一个重要原因是，它是由斯科特信托基金会（ScottTrust）直接管理，因此《卫报》看重自身的影响力更甚于利润。此外，卫报媒体集团也部分持有汽车交易平台（AutoTrader），后者实质支持着《卫报》的现金流。[36]

免费报纸

在相当多的报纸琢磨着如何将“内容”转化为“资本”的同时，也有报纸反其道而行之。他们将网络的“利他主义”风格引入到现实世界，将报纸面向读者彻底免费。由此产生一种新型的商业模式——免费报纸。

从《伦敦标准晚报》的“免费”路线中，你可以清楚看到“付费”与“免费”转换间的商业逻辑。

2009年，俄罗斯富豪列别杰夫家族买下了《伦敦标准晚报》。当时这家报纸正在走向沉没——销量大幅下滑，人们根本看不到明天，倒闭眼看就是迟早的事情。但是，列别杰夫受到报纸当时的CEO安迪·穆林斯的鼓励，决定将报纸转型为免费报。当时，市场广泛预计，《伦敦标准晚报》首当其冲会裁减采编人员。但是，实际情况是，采编的费用只是略微地减少了一点儿，费用裁减的大头是发行。

为什么《伦敦标准晚报》会向发行举起大刀？其实，删繁就简，《伦敦标准晚报》实质上做的是最简单的商业加减法，列明各项成本及对应的开支，结果发现发行的投入远超产出，于是便举起大刀，直接将发行砍掉。

过去，《伦敦标准晚报》在大英地区以及英国东南部地区的发行，主要是通过4 000家销售网点发行。每天下午，从首都到边远地区，都会有一队又一队的送报车载着一捆又一捆的报纸，沿着既定的路线给各个销售网点送去报纸。但实际上，在有些地方，销售少得可怜，甚至可能少到连油费都不够支付。

但是，百分之百的舍弃发行也不现实。在免费模式下，《伦敦标准晚报》将报纸的销售网点从4 000家缩减为400家。当时，伦敦已经有其他的一些免费报纸，如《Metro》。它采用的是“外到里”（“out to in”）的派送方法：他们在远郊地区向那些到伦敦城里的人们赠报。而《伦敦标准晚报》采用的则是“里到外”（“in to out”）的方法，主要集中在伦敦最繁忙的各个主要地铁站。相对而言，《伦敦标准晚报》采用的“里到外”的发行方法覆盖的虽然只是一小片地区，但却更加经济，更加有效。在派送网点的设计上，《伦敦标准晚报》十分注意尽量将400个销售网络的

《伦敦标准晚报》的版面。可以看到，免费的《伦敦标准晚报》仍然保持了高质量（图35）

体系设计得尽可能紧凑，它们主要集中在伦敦中心地理区——这个地区覆盖了专业人员聚集区、城市工作区、伦敦西区以及金丝雀码头（伦敦主要金融区之一）。发行时间也大大减少：以往付费的《伦敦标准晚报》大约在下午2点钟左右才能出街，而到晚上的8点钟可能还在售卖；而采用免费版之后，到下午4点钟，当那些办公室的白领们下班的时候，报纸已经全部送光了。[37]

采用免费政策后，《伦敦标准晚报》的发行量立竿见影地向上窜升。在霍尔本地铁站，伦敦最繁忙的一个交通中转站，《伦敦标准晚报》免费前，一天的最好销量是约300份。而在免费之后，《伦敦标准晚报》除周末以外，每天在这个站点的发行量达到1.6万份。同样的情况出现在牛津街圆环（伦敦知名商圈），除周末以外，《伦敦标准晚报》每天在这个站点的发行量达到3万份。

成功的免费策略实施后，广告随之而来。因为，实际上，人们并不只是免费取报，更重要的是，人们是在真正地“读报”。而这显然是广告商更为关注的因素。

需要强调的是，保证读者以及广告商对报纸兴趣的关键仍在于内容，《伦敦标准晚报》成功的重要因素是，它在免费的同时仍然保证了对采编的投入，从而保证了报纸的质量。

事实上，免费报纸并非《伦敦标准晚报》首创。比如在美国，2002年之后甘乃特报业集团曾经连续推出9 份免费报纸，抢占年轻读者。2003年8月，《华盛顿邮报》也曾推出免费报纸《快递》，目标读者是18—34岁的经常坐车通勤者。[38]

即使在伦敦，如前所述，在《伦敦标准晚报》之前，那里也曾出现过其他免费报纸。但是，那些报纸的质量通常不高；市政部门抱怨，他们不得不派出额外的工人清理被人们丢掉的垃圾，一些报纸甚至因为制造垃圾受到处罚。

但上述情况显然不适用于《伦敦标准晚报》。克里斯·布莱克赫斯特认为，判断一份免费报纸是否成功有两条原则：其一，什么时候报纸能够全部售光（越快越好）；其二，多少报纸被扔掉。

《伦敦标准晚报》的不同寻常之处在于，取阅的速度非常快，人们往往抱怨说，到下班的时候，报纸已经被前面的人拿光了；而且从大面上的情况看，丢掉报纸的人非常少。《伦敦标准晚报》由此也被称为是“世界上第一份免费大报”。[39]

布莱克赫斯特同时发现，随着《伦敦标准晚报》的免费，采编基本没有发生太大变化，除了在两个细节的地方。

其一，是内容更为宽泛。不过，这很大程度上是因为采编人员的更替而带来的风格变化。在列别杰夫收购了这家报纸之后，编辑人员进行了一定的调整。但是，人们感到，报纸更倾向于向以社群为基础的“社区报”转变。这随之带来另一个有争议性的话题：报纸的受众由此被限定于“通勤者”，也就是那些下午下班回家的人，以及那些晚上从家里出来上晚班的人。由此，作为一份“通勤报”，交通信息相形之下变得更为重要。除此之外，因为发行对象的缘故，报纸也更加以伦敦为中心——人们都在中心城区拿到报纸，而不是在伦敦以外地区。

另一个小的变化是报社内部权力的变化。在以往的付费模式下，编辑为王。而在免费之后，报纸相当于舍弃了原来的发行收入，只有广告一个收入来源。这种情况下，商业部门的声音开始比以往更大。比如说，以前一个广告可能会因为伤害到版面而被拒绝，但是在免费模式下，拒绝广告的可能性微乎其微。因此，不容置疑的是，免费模式之下，广告拥有了比以往更大的话事权。

历史上，新闻业长久以来一直遵循着“二八”定律，即新闻业收入的八成来自于广告，两成来自于发行。随着广告的下滑速度超过发行，“二八”定律开始慢慢演化成“三七”定律，即发行在报业收入的占比约达三成。[40]

因此，客观上说，列别杰夫的这场赌注是非常需要勇气的。

随着免费，报纸一下子失去了所有的发行收入，只能够依靠广告。没有后路可退，也没有其他的收入渠道，这对报纸来说，同时也是巨大的心理考验。当时由CEO穆林斯带领的《伦敦标准晚报》管理团队，非常聪明地创造出一种有效的模式，让外界对于《伦敦标准晚报》的变化基本没有太大察觉。[41]直到2012年10月，《伦敦标准晚报》十年来首次宣布盈利。这时候，人们才渐渐意识到这是一种商业模式的蜕变，而这时，《伦敦标准晚报》已经在这场考验中胜出。

不过，考量《伦敦标准晚报》的免费模式，这仍然是一种不足以在全行业推而广之的商业模式。

一方面，《伦敦标准晚报》的模式可以在世界上任何地方复制，但前

“免费”成为《伦敦标准晚报》招徕人气的利器（图36）

提是，那里有大量的通勤人员的存在，大量的人们遵循着基本固定的时间表，借由公众交通工具回家。布莱克赫斯特分析，从理论上来说，纽约、巴黎、上海、孟买这四个城市都可以适用这种模式。英国的一些大型的需要通勤的卫星城市，比如伯明翰、曼彻斯特、利兹以及格拉斯哥也适用这种模式。

但是，对于一份全国性报纸来说，想要在全国范围内推广这种模式仍然存在现实的难度。最直观的原因是，发行范围太过巨大、太过复杂，费用也太高昂。这意味着全国性的免费报纸仍然不太现实。

另一方面，免费报纸过分倚重广告，这带来另一个争议性话题：报纸的公众功能为商业利益掩盖。

比如说，在《伦敦标准晚报》免费以后，其新闻质量虽然没有下降，但是一个令人沮丧的变化是，有时候报纸的标题似乎都带上了广告的意味。[42]而这其实是对报纸自身力量的长远的伤害——在商业利益的压榨下，报纸离它的公众功能越来越远。秉承这种观点的一些西方学者由此认为，免费新闻不应当是未来新闻的真正面目。

此外，现实中，免费新闻也带来另一层争论：

一旦报纸免费，那么新闻网站的收费便也再无可能，这进而意味着很多报纸通过付费墙苦心建立的另一条收入通道失去了存在的合理性。

基于广告的商业模式

德·本斯提出，报纸如果想活得很好，必须至少有50%的收入要源于广告。[43]尽管报纸也从发行渠道获得收入，但毋庸置疑的是，广告仍是报纸的生命线。从1990年代开始，在纸质广告下滑的大趋势下，报纸一直寄望在线广告能够带来新的利润源泉。

报纸在线广告困局

研究公司eMarketer的数据显示，2011年，美国的媒体广告投放是：印刷媒体（报纸、杂志）广告——360亿美元；在线广告投入——320亿美元；电视广告投放——607亿美元。而到2016年，这些数字将重构为：印刷媒体（报纸、杂志）广告——323亿美元；在线广告投入——620亿美元；电视广告投放——720亿美元。[44]

数据分析白描出来的现实场景是：传统媒体商业危机的根源是广告的危机。广告依然在那里，依然是一个巨大的市场，但广告的分流已然清晰。

从1990年代开始，传统媒体一直企望能够在网络世界复制他们在现实世界的广告神话。像现实世界的广告以读者人数为重要决定因素一样，报业希望能够在网络世界吸引到尽可能多的读者，从而复制他们在现实世界的成功。这是一开始很多报业免费发布网络版的重要原因。以美国报业为例。早期的报人普遍以为，一旦他们在网络世界发布自己“无价”的内容，相应地，便可以吸引到更多的读者。但是，如前文所述，这一努力化

在线广告对于报业来说是个全新的命题（图37）

为泡影。因为人们没有意识到，不论是传播环境还是客户的估值方式已经发生变化。

美国的报业和批评家很快发现，早期的报业网站由于缺乏纯在线公司的特点和功能，比如搜索和互动，因此对读者缺乏吸引力。到2000年中期，很多报业网站已经在这些方面有了很大的改进。绝大部分排名靠前的报纸已经提供文字、音频、视频等多种传播手段的融合，带有互动功能的平台如博客、播客已被采用，一些网站甚至还开放了自己的数据库。这些改进无疑令新闻网站越来越吸引人。对于报纸网站的这种转变，消费者给出了积极的反应。

尼尔森公司在2005年10月份的报告显示：报纸网站的读者较上一年出现两位数增长，达到3 900万人。这意味着，报纸网站的读者人数已经达到当年美国网络活跃人口的26%。两家全国性大报的网站吸引了庞大的读者群。如《纽约时报》网站nytimes.com的月度用户超过1 100万人，而《今日美国》网站usatoday.com的用户则超过1 000万人。[45]

但是，最大的问题是，广告投入并没有随着读者的增加而增加。2005年，美国报业宣布，通过报纸在线广告收入首次超过20亿美元。[46]这个数字意味着，报业在线广告收入只能占到报纸广告总收入的不到4.5%。[47]而在此前的2004年，谷歌一家公司的在线收入就已经高达32亿美元。

5年过去，情况不仅没有好转，报业在线广告与新媒体在线广告的差距反而被迅速拉大。2010年，美国报业的广告收入仅达到258亿美元，这和2005年的行业最高点相比，下滑了将近50%。同时报业广告收入中只有12%（约40亿美元）来源于在线广告。[48]而同样在2010年，Google的广告总收入达到280亿美元。

表1 1950—2013年美国报业广告收入走势（考虑通胀因素调整后数据）

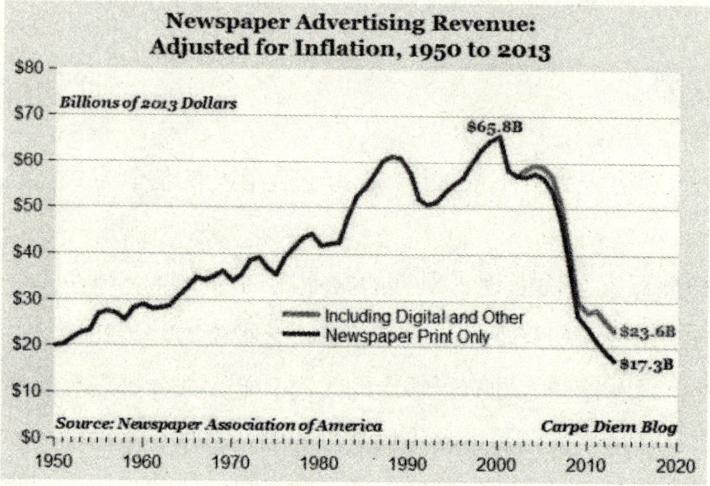

包括数字及其他渠道
报纸单一印刷渠道
数据来源：NAA

为什么新闻网站聚合读者而不能聚合广告商？为什么在线广告市场蓬勃大踏步向前迈步的同时，传统媒体的在线广告却愈战愈败？

很多行业中人对此不解。早期的一些西方学者认为，这很大程度上是因为，当时的报纸只是将在线广告视为是对线下广告的一个补充，因此他们把一些广告免费或者低费用地发布在网上。这种做法带来的一个后果是：制造了一个只有低价才能存活的市场氛围。

另一些西方学者意识到网络世界对消费者估值方式已经发生变化。比如，一些观点认为，诸如报纸这样的平面媒体出售的是“版面”，电台、电视台出售的是“时间”，而网络出售的则是“注意力”。因此，网络环境下的广告模式与版面和时间无关，而是以连接和链接（connection and linking）为价值。再比如另一种观点认为，在线广告更注重广告的互动性及直接命中消费者的特性，而事实上，“大多数报业公司带着旧的商业模式和旧的销售模式冲进新经济。”

影响广告商对报纸在线广告投放的另一个重要因素是：读者进入新闻网站的路径。

有西方学者提出，网络上超过70%的新闻点击源于“侧门”（side door）——通过搜索引擎搜索到的结果或者通过RSS（简易供稿）得到的聚合结果，而不是通过这些新闻的网站主页。[49]

这造成的一个问题是，借由搜索引擎进入新闻网站的读者并不会在网站停留，他们的数量也许很大，但他们并不构成广告商最为看重的忠实读者群。[50]因此，你便不难理解为什么一些新闻网站的读者甚至远远超过报纸的读者量（如《卫报》，号称有30万的纸报发行量和3000万的网站读者），但是，其网站收入仍然只占到报纸收入的一小块。[51]

新旧广告的蜕变

随着读者向网络世界的转向，越来越多的学者开始研究读者在网络世界的行为。

他们发现，在网络世界，人们通过三种方式搜索信息：其一，直接输入网址，通过URL链接找到想要的信息；其二，通过搜索引擎，输入关键词搜索信息，信息以超链接的形式展示，这实际上是一种基于内容的搜索；其三，利用超链接，如文本链接或网络广告直接找到信息。[52]

相关的网民调查，如皮尤中心2002年及2006年对于美国网上人群的研究报告再次显现了早年Viewtron试验所揭露出来的网络世界的读者特点：人们在网络世界中更大量的时间用于互动和娱乐，而并不仅仅是获取新闻。

随着读者消费行为的转变，“广告”也在悄悄发生变化。

当报纸等传统媒体致力于在网络世界叫卖其在真实世界的广告时，新媒体一族看待广告的眼光已经发生改变。对于他们来说，在线广告与其说是“广告”，不如说是另一种稍微特殊的“信息”。

谷歌的一位管理层曾经这样表述：传统媒体公司是通过一种线下模

人们在网络世界通过搜索寻找信息（图38）

式来发展在线广告，比如说，“将广告内容或广告量进行打包”。然而，这种模式更适用于资源稀缺的情况，比如说报纸的版面或电视的播出时间有限等情况。对于网络来说，情况完全不同。网页可以不断延展，用户可以不断增加，某种意义上来说，广告容量已经没有上限。因此，这位管理层表示，谷歌采用的广告方式是：我们将广告视为一种“商业信息”（commercial information），然后将他们作为“我们梳理信息世界这个核心使命的一部分”。[53]

事实上，时至今日，你越来越多地发现“信息化”的广告，比如淘宝、eBay、亚马逊、当当、京东等网上的商品信息。它们是广告，但同时也是信息。

技术上来看，超链接和搜索引擎令在线广告与平面广告存在诸多差异。传统的平面广告只包含有一层信息；而在线广告的发布通过采用超链接，可以实现多层广告信息的纵向延伸，当你点击第一层页面的时候，超链接会紧接着打开第二层信息，延伸出更为具象的信息。因此，超链接的可拓展性实质上是网络技术本性的重要一面。尤其当你思考为什么新媒体在线广告可以获得压倒性胜利时，超链接发挥的作用是其中的重要因素。

以最为常见的网络旗帜广告为例。小小的、长方形的旗帜广告只是包含了广告信息的一部分，它的作用是提醒人们相关信息的存在，并吸引人们进行点击。真正的网络广告实际上是超链接，一旦人们点击旗帜广告，页面便会转接到另外的相关网页，呈现更大量的信息。

超链接广告示例

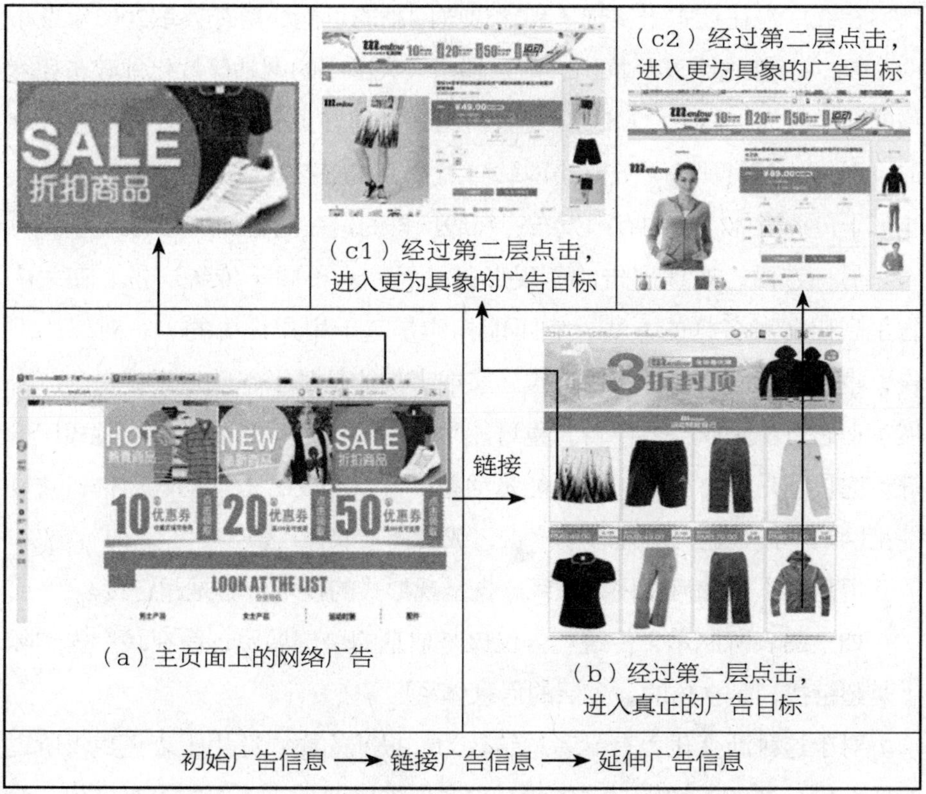

（制图：李青　素材来源：曼奴官网）

从上面的实例，你不难发现，网络广告是如何通过超链接层层展开的。

但是，除了上文所述，新媒体那些成功的在线广告与传统媒体的传统广告还有哪些不同呢？

人们发现，在线广告首先在覆盖上已经远远超越传统广告。

传统媒体广告基于“大众媒体”，覆盖的也主要是“大众媒体”。而在网络世界，除了为数不多的网络巨头，如谷歌、Yahoo、百度等之外，还有星罗棋布的、千奇百怪的网站。按照克里斯·安德森在《长尾》（《The Long Tail》）中的描述，在那些像“头部”一样的热门网站以外，数以百万规模各异、新奇古怪的网站，就好像是散布于网络大海中的长长的尾巴。网络世界的“长尾”经济效益越来越为人们认识。一个现实的例证是，亚马逊上图书销售额的四分之一来自排名10万以后的书籍。

在线广告在技术上实现了到达这些网站的可能，比如谷歌2003年发布的AdSense。在这个产品推出之前，那些大大小小的网站碎片化地散布在网络的汪洋大海。但是，AdSense通过分析各种博客页面，找出广告商感兴趣的页面，从而将那些无数的小网站与消费者和广告商链接在一起。因此，相形于传统媒体广告的有限发布，在线广告的覆盖是更加广义的到达。

另一方面，在线广告的呈现形式已经完全不同于传统广告。在线广告呈现出各种各样的方式，它可能指的是基于用户许可的、一对一的广告，也可能指的是目标邮件广告，又或者指的是基于谷歌搜索结果的广告展示；它可能是旗帜式广告，也可能是弹出式广告，又或者是陷阱式广告等；它可能是静态广告，也可能是动态广告，又或者是互动式广告；它可能是网站广告，也可能是移动广告，或者社交媒体广告。

但是，不论如何变化，在线广告呈现形式的技术核心是超链接。

如上图表所展示，传统广告仅仅是信息的单层展示；而在线广告实际上是超链接，是立体的、多层的信息体系。

对于这种新变化，有学者总结认为，报纸的模式适用于麦克卢汉所说的线性信息处理的时代。它依赖对内容依据重要与次重要的等级排列。而超文本的最大不同，是它可以令读者可以多维度地接触到信息。读者可以在任何一个节点接触到信息，可以依据自己的兴趣从一个点浏览到另一个点。还可以选择去除广告的内容，或者去除内容的广告。

第三个比较重要的变化是，比较在线广告与传统广告，你同时可以发现，“广告”的内核已经发生质变。

长久以来，在我们的印象中，广告一直被视为单向交流。它是一种付费的、单向的、基于大众媒体的推广传播。或者说，广告的核心是以品牌推广为目的的说服游戏。[54]

但是如果你在网络世界还秉持着这种观点，那恐怕要大错特错了。想一想我们身处的web 2.0时代，它的核心是互动。技术抑或环境，已经允许消费者与品牌间可以展开双向甚至多向的交流。

一些西方学者认为，“在线广告更多地是涉及对话、联系、控制共享等等，而不再只是对于内容包的被动消费”。这种观点认为，基于传统媒体的广告依靠的是一种对于消费者干预和中断的模式，这种干预和中断以广告的形式呈现。作为获得免费内容的代价，消费者不得不接受这种干预和中断。换言之，传统环境下，内容生产商控制了对于目标消费者的内容干预。但是在web 2.0时代，干预和中断的模式行将死亡。网络世界的用户自己控制内容，甚至自己创作内容。因此在线广告已经成为一种新形式的交流，其本质是信息的互动。[55]

具象化的描述，也许可以这样理解：当你在网上点击一个在线广告的超链接时，你所进行的只是手指点击鼠标的轻轻一动，但隐藏其后的，实际上是对于广告内容控制权的转换，不论是对内容的接收与否，抑或是接收的时间、地点等。

也因为这种控制权已经发生变化，在西方，类似品牌民主（brand democracy）、品牌参与（brand engagement）这样的理念正在为越来越多的企业接受。这些广告投放者开始意识到，仅仅认识到消费者能够创作并共享内容并不足够，他们必须邀请消费者参与到他们的品牌中来。

如何理解品牌民主、品牌参与呢？按照我粗浅的认识，其中的道理也许与目前国内淘宝的销售机制十分类似。在淘宝上，除了卖家的如实描述以外，用户评价高低是不少淘宝买家决定下手与否的重要指标。用户评价是前面购买过商品的消费者留下的痕迹。相当多的消费者在上面留下自己个性化的评论，不论是产品的质量、大小尺寸、使用感觉，甚至对买家的服务态度和售后等等。某种程度上，这些基于“人”的、真实的评论更能够影响后来消费者的消费决定。

从这个角度推而广之，淘宝上新兴的“订单销售”（买家在线接到预订后，再进行生产），也可以理解为“销售的民主”。技术上，这种销售手法并不新鲜。比如，很多年前，国内的汽车生产厂家为了控制价格和库存，就已经展开的的饥饿式销售。但是，汽车厂家的饥饿式销售实质是通过人为减少供应，而刻意制造供求的紧张。因此，放诸web 2.0的环境，你会发现，淘宝的“订单销售”是真正的基于消费者的对于需求的民主收集，是web 2.0精神更自然、更真实的流露。

万法归宗。不论是广覆盖还是超链接，抑或是广告信息的多向流动，某种程度上，也许可以得出结论：在线广告今日版图的实际缔造者是web 2.0。

新媒体广告的成功经验

同样身处web 2.0的时代，为什么新媒体的在线广告会势如破竹？也许，这在很大程度上要归功于新媒体成功的广告策略。总结下来，我个人认为最主要的法门也许是如下三点：基于搜索结果的广告导出方式，量化跟踪和利他主义的免费模式。

基于搜索结果的广告导出方式是新媒体广告相形传统广告投放的革命性改变。

传统媒体环境下的广告投放主要关注的是目标群体与读者之间的关系，比如奢侈品广告会投向以高端消费者为主要读者的各种传统媒体。

目标定位同样适用于在线广告，但新媒体采用了不同的操作手法。最典型的代表是谷歌的基于搜索结果的关键词广告——广告商建立广告，并挑选与自己业务相关的字词或词组作为关键词。当用户在谷歌的搜索涉及广告商设定的关键词，广告商的广告就会以超链接的形式显示在搜索结果旁边。

基于搜索结果的广告展示到底有何魔力呢？

首先，皮卡尔认为，“因为信息超载，所以人们不得不搜索”。皮尤中心的研究也多次揭示：利用搜索引擎搜索信息是人们最主要的网上活动之一。[56]这显示出来一个现实情况：对于网络世界的人们来说，“搜索”已经成为无法跨越的一道坎。因此，基于搜索结果的广告显示更能契合人们在网络世界的行走路径。

另一方面，对于生产厂家来说，搜索引擎广告可以让他们相当直接地到达消费者。可以佐证的是DoubleClick的一项研究：50%的人在购物前会通过网络搜索相关信息。[57]再比如，皮尤中心2006年的研究也发现，被调查者“在购买前了解产品”的比例高达78%。[58]

除此之外，从传播的效果上看，相关联的语境也是网络在线广告赢得关注的重要因素。学者研究发现，当在线广告融入语境时，可以发挥出最大效用。他们进行的网上试验得出结论：文本匹配型的网络广告获得的广告认知比文本不匹配的广告获得的广告认知多出40%。这意味着，关联话题是实现广告有效性的重要因素。[59]

谷歌广告的成功是这种搜索引擎广告成功最明显的例证。考察谷歌的广告模式，传统媒体也许能够从中得到一些启发。

谷歌成立早期，同样也在盈利模式中挣扎求存，直到2000年前后，谷歌开始推出关键词广告。根据维基百科，谷歌的收入主要源于两部分，一是出售自己的搜索技术，二是在线广告。但是，技术的吸金力远不如广告。目前谷歌约9成的收入源于广告。

谷歌的广告体系主要由两方面构建。一是针对广告客户基于搜索结果的关键词广告。广告客户通过谷歌的“AdWords”产品（发布于2000年10月23日）投放在线广告，按照点击或显示收费。二是针对大小网站的“AdSense”产品（发布于2003年），这个产品允许网站站长在自己的网页中提供广告展示的位置，并参与分成。

两个广告产品中，AdWords无疑是主打。AdSense的主要作用是分析各种博客网页，为广告商找出那些适合放置广告的页面，也令网站从中获益。

分析AdWords，毫无疑问，“搜索+关键词”是它成功的灵魂。

AdWords是谷歌的吸金小猪（图39）

言归正传，除了基于搜索结果的关键词广告，新媒体在线广告取得成功的另一大法宝是其对于广告和受众多样化的量化跟踪。

传统媒体的广告效用评价主要是通过一些指标来实现，比如广告到达1 000个消费者所需要的成本。但是，这种模式中，消费者对于广告的反馈是无从考察的，因此存在着大量的无效传播。同时，即便是那些包括尼尔森在内的市场调查公司的数据也往往是充满了争议。

在网络世界，人们发现，消费行为已经发生很大改变。内容按照消费者的兴致被消费，因此广告呈现也更为动态化。也就是说对于一个特定的消费者来说，呈现何种广告是随着网页被浏览的一瞬间决定的。这意味着，对于个体来说，网络是一种更为"个性"的呈现，而非"普适性"的产品。因此，有西方学者这样评价："对于大多数人来说，网络只是意味着他们使用的那部分"。[60]

在这种情况下，如何量化信息传播的有效性受到广告商的更大关注。

点击率"CTR"（click-through rate）开始出现，被认为是对网络效用评价的更符合实际的指标。比如3%的点击率就意味着每1 000次网络浏览有3%的点击，或者30个用户曾经激活过广告。

考查搜索引擎广告，你会发现，广告商基于关键词投入广告。这样的投入可以确保当受众通过关键词搜索时，广告出现在搜索结果页面。而最具吸引的是，广告商付出的广告价格依据点击率而变化，也就是说，广告商只在人们点击关键词的时候才支付广告费用。

不仅如此，另一些更深层次的技术工具被开发，以对网络传播进行量化，令广告客户可能对客户展开更细致的分析，加强广告的投放效果。比如说，网络的日志文件（log-files）以及网络cookies（储存在用户本地终端上的数据）都是实现量化跟踪的重要工具。

事实上，很多消费者可能并不清楚，网络上的每次访问都会被电脑或服务器自动记录下来，比如说，日志文件可以记录下访问者的每一次要求，他们还会记录下很多基本的信息，如访问次数、使用时间，甚至可以追踪访问者访问过的网络路径。对于广告商来说，这些数据可以帮助他们更充分地了解消费者的浏览行为，评估广告投放的效果。

放置cookies是另一种获取客户数据的有效办法。比如cookies可以记录你的登录信息，这样下次访问时你就可以不用输入自己的用户名和密码。再比如，你在旅行网站查询了航班时刻表，网站可能就会创建包含你旅行计划的cookies，或者记录你在网站上访问过的页面，下次访问时，网站就会根据你的情况对显示的内容进行个性化调整，将你可能感兴趣的内容放在前列。

多重量化的好处显而易见。不仅广告的投放效果更加直观，广告投放者还可以更有针对性地投入广告，甚至寻找潜在客户。

在上述两种方式（搜索引擎广告以及新媒体在线广告的多重量化）以外，在线媒体创新的“免费广告”对传统媒体广告的现实商业版图构成另一层面重大打击，并很大程度上改写了他们头脑中的广告世界。

传统意义上的广告是一种付费传播，但是新媒体让这些原来需要付费刊登的广告成为免费的“信息”。活生生的例子是美国分类广告的溃败。

分类广告曾经占据美国报纸广告收入的1/3。但是，随着克雷格·纽马克推出网站Craigslist，允许人们在上面免费张贴广告，报业广告的最后一块奶酪被撼动。没有一家报纸预料到，这种利他主义的商业模式竟然最终吃掉报纸广告收入的一大主要支柱。

Craigslist网站上没有图片，只有密密麻麻的文字，它囊括的信息包括求职招聘、房屋租赁买卖、二手产品交易、家政服务、地区活动指南、交友等。它虽然看上去颇为乏味，可却是美国人最喜欢的网站之一。根据百度百科，Craigslist是美国手机用户浏览时间最长的网站，eBay位居次席。

在商业模式上，Craigslist号称是个私营非营利性公司，至今还没有任何形式的收费信息，网站所有的收入都来自于旧金山、纽约和洛杉矶三个城市的招聘信息。但是，当Craigslist聚合起如此大量的受众之后，这些受众是否有可能转化为生产力，这种可能性引发人们的联想。

不管怎么样，Craigslist的横空出世让报业感到了当头棒喝。人们开始在Craigslist上张贴招聘广告、租房信息，而不愿再去报纸花上几美元登个

表2 2003—2009年Craigslist收入与报纸分类广告收入增长趋势图

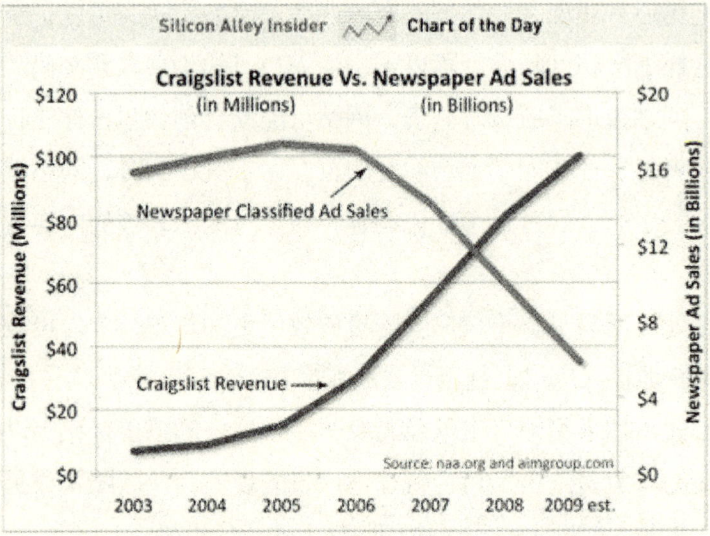

—— 报纸分类广告收入（10亿为单位）

—— Craigslist收入（百万为单位）

数据来源：
naa.org
amigroup.com

分类小广告。在免费的旗帜下，Craigslist还利用搜索引擎对网络的可搜索性充分挖掘——读者再也不用像以往那样，在报纸分类广告中四处浏览，寻找有用信息。既然可以直接搜索命中目标，何必要费神去看那些自己根本不感兴趣的东西呢？

Craigslist成为分类广告的黑马（图40）

Craigslist冲击着传统媒体的神经。对于传统媒体来说，他们长久以来秉持的“付费传播”的传统广告理念在网络“利他主义”的洗礼下正在面临改写，而这甚至也许只是一个开始。

比如说，大大小小的商家都有着在网络甚至真实世界免费发布广告的本能动机。在英国，曾经出现一些地方商会自行印制广告小册子，以对抗地方报纸。这些小册子免费刊登的各类广告和启事正是以往报纸的重要广告收入来源。直到2010年，英国政府宣布禁止这些商会的免费单张，这才挽救了地方媒体的一个重要广告收入源。[61]

Craigslist实质上放大了人们在网络时代免费发布广告的这种本能动机，而这或许将是传统媒体广告所不得不面对的残酷事实。

而在Craigslist这种“免费+有用”模式背后，另一个值得关注的是，由于有用信息呈现很强的个体性，因此理论上来说，有用信息也会呈现很强的地域性。这意味着，Craigslist的模式有其可复制性。事实上，Craigslist的触角目前已经延伸到中国，对北京、上海、广州、深圳、香港等13个中国一线城市开通分站。同时，国内也已经出现一些Craigslist的模仿者。不过，对于已经享有广大读者基础的传统媒体来说，Craigslist的模式依然有很大的借鉴意义。在竞争尚未白热之前，他们应当尽快建立自己的分类信息网站。

综上所述，谷歌等新媒体成功的商业逻辑予我们诸多借鉴思考，但是

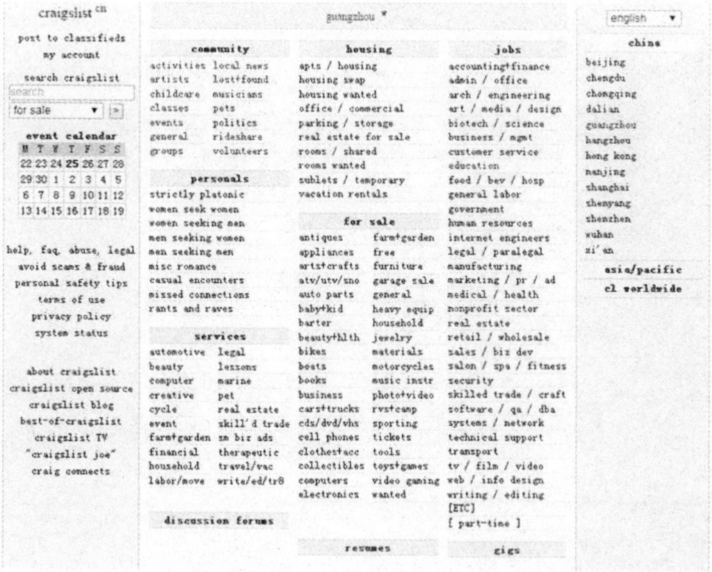

Craigslist广州网站截图。从这些密密麻麻的文字中，你可以看到Craigslist一直奉行的风格（图41）

传统媒体与新媒体秉持的优势全不相同，全盘拷贝显然不现实。对于传统媒体而言，在网络世界摸索出一套通用的、可资持续的、基于广告的商业模式仍然是一条上下求索的艰难道路。不仅仅中国传统媒体，西方传统媒体同样在这条道路上踟蹰前行、痛苦摸索。套用一位美国学者的忠告——"对于在线广告，报业必须意识到，这是一门新生意。如果你还是以一种整合的方式看待它，那么你的在线广告收入将会和平面广告收入一样不断下滑"。

将思维放诸web 2.0的环境，随着传播门槛的消失，今日在线广告的焦点已经不再仅仅是范围的覆盖，而更着眼于传播的效用性。这也许是那些成功的新媒体在线广告带给传统媒体的最大启示。

其他模式

在传统媒体的资本困境中，除了传统的基于内容和基于广告的商业模式，人们也在不断思索，探讨其他走出泥沼的通道。这其中，值得关注的是以下三种模式：新闻的公众津贴模式、自媒体模式以及众包模式。

新闻的公众津贴

媒体产业具有双重性。一方面它是一个产业，但另一方面，它又肩负为公众提供有价值信息的责任。因此，不少西方学者认为，媒体产业本身就是双重商业模式的交织，一方面是市场模式，而一方面又是公众模式。[62]换言之，媒体产业的健康运转需要兼顾这两种角色。

这种观点认为，单纯地倚靠商业模式，最终将损害新闻的公众责任。比如，在现实操作中，你会发现“许多真正关注公众利益的新闻报道本身并不像娱乐新闻那样吸引读者。它们不仅采编的成本很高，而且对报纸的经济利益拉动明显不如其他内容”。[63]

再比如，假如让媒体产业完全屈从于商业利益，那么便会出现账本底线与公众利益较量的这样一幕。

2007年12月，地产大亨山姆·泽尔买下论坛公司。他为公司设定了只可能在网络泡沫时期才能达到的债务水平，又在第二年向银行申报破产。这一连串的商业动作之间，论坛报业经历了其他许多新闻机构同样的重整、裁员。但是，这远远不够。泽尔在报社的内部会议上，将他的商业本性暴露无遗——“（论坛报业）华盛顿部（这个部门主要负责政府报道）是个只产生‘经常费用’却毫无收益的部门”。[64]

因此，秉持媒体双重商业模式的学者认为，“当媒体公司感到经济上的稳定和安全时，要比他们面临财政困境时显示出更强的意愿去体现其公众功能”。[65]

他们认为，政策决策者应当充分考虑新闻在推进社会公平正义上发挥的重要作用，考虑到经济政策和市场干预，考虑到政府在社会经济中应当发挥的调节作用。换言之，他们认为政府应当建立并推行经济干预，以支持新闻的原创采集和发布。

上述观点被认为是对新闻媒体采取公众津贴模式的重要原因。新闻媒体不是促进社会公平正义的唯一力量，但是试想一下，假如新闻媒体沉没，还有哪一种力量可以替代它在社会中呈现的力量？

2009年《数字英国》中的一篇报告这样写道：

“为了保持新闻的公众功能，公民、政府和企业需要协力考量新的办法，对新闻事业进行资助。在出版商探索新的新闻平台、新闻技术的过程中，商业模式仍将担任重要角色，但是同时也需要对新闻展开不同形式的支助——比如，地方所有媒体社群，以及非盈利组织。”[66]

在国外，呼吁人们购买报纸，拯救记者的声音越来越高（图42）

事实上，历史上为兼顾媒体的公众利益采取直接补贴的个案并不少见。在一些北欧国家，为了应对早期的经济危机，报业获得支助，以反映其在社会、文化以及政治中的角色。比如，在斯堪的那维亚，那里有欧洲最高的报纸订阅率，对报业的政策支持已经延续数十年，其中包括对报纸印刷进行补贴。在荷兰，报纸和电台均享有专门的补贴以保证信息的多样性。在大多数欧洲国家，公共电台和电视台也是由政府直接或间接支助。[67]

英国和法国的电影业也获得很大补贴。2008—2009年，英国电影行业获得的补贴高达25 600万英磅。法国国家电影中心（CNC）则在2005年向法国电影业补贴了26 100万欧元。在这些国家，对于电影业采取补贴的主要原因在于，文化被这些国家视为不可替代的遗产，它们面临来自全球化（主要是美国电影业）的冲击，如果不借助于公众资助，便无法保存。[68]

除了直接补贴，在对新闻业的补贴设想中，税收被认为是对新闻公众功能支助的重要工具。

首先，是对新闻整合商及其他受益机构的课税。

关于对新闻整合商的收费，上文已做一部分描述。包括德国、法国、意大利、英国等很多国家在内的传统媒体已经行动起来，向免费使用传统媒体内容的新闻整合商收费。目前来看，以谷歌为代表的整合商倾向于在争端无法解决的情况下，通过祭出一种所谓的“特别基金”，向新闻业提供帮助。

但是，很明显，“特别基金”实质是一锤子买卖，不可能为新闻业提供长久持续的助益。一些学者更主张向整合商以及其他受益机构征收行业税（industry levies）。行业税在许多欧洲国家盛行，包括向产业中的特定部分机构或特定环节征收额外费用（印花税）或税。[69]

第二种可能的征税办法包括直接课税以为公共媒体提供支助，或者是针对媒体的公众功能提供税收优惠（tax concession）。

比如，在英国，价值附加税（VAT Value Added Tax）成为对媒体的间接补贴，BBC则是通过牌照费获得补贴。而上文提到2008—2009年英国电影行业获得的25 600万英磅补贴中，就包括有11 000万英镑的减税（tax relief）。[70]

此外，在大多数欧洲国家，公共的电视和广播电台也可以在一定程度上获得直接或间接的税收补贴。

对于媒体公众功能补贴的第二种形式是慈善性质的捐款或者非营利性的NGO。

比如，在美国，已经出现越来越多的由慈善机构支助的媒体。

2009年11月9日，《纽约时报》刊登报道说，太平洋上漂浮着大量垃圾，面积约有美国德克萨斯州的两倍。这篇报道的作者是自由撰稿人琳赛·霍晓，她报道该新闻的1万美元支出是由几百个关心该事件的“热心人”通过一个名为Spot.us的网站捐赠的。琳赛通过网站提交自己的选题，得到热心网民响应并出资赞助她完成新闻稿的采写。资助她完成采访的热心读者包括奈特基金总裁、维基百科创始人以及《时代》杂志检查员等。[71]

琳赛·霍晓完成新闻报道的这种模式实际上依靠的就是公益性的支助。这其中还涉及另一种新兴的新闻操作模式“众包”，这一点我们将在后面进行讨论。但是，霍晓的这种模式也为我们操作那些周期长、成本高、社会效益远高于经济效益的深度新闻报道带来启发。

谷歌CEO埃里克·施密特也在他2013年出版的新书《新数字时代》中对于下一个十年可能出现的对新闻报道进行赞助的NGO模式进行过展望。按照施密特的推测，未来将出现一种跨国的NGO对各个地区的敏感性新闻报道进行支助。记者们在NGO搭建的平台中，名字以代号的形式出现，与编辑互动以及相互间的联系通过代号进行，并实施加密。记者在进行一些有价值，却又敏感或危险的新闻报道时不仅可以获得经济上的支助，而且可以通过加密等技术手段保证他们个人的人身安全。同时，由于这种NGO不隶属于某国，因此可以更大程度地规避可能存在的地缘性影响。[72]

但是，如何对这类新闻报道进行监督正在成为一个不容回避的话题。比如，在美国，对新闻报道的公益性赞助已经出现丑闻。

第三种形式的媒体补贴是信托基金。

这被认为是对传统媒体商业化的一个很好的替代选项，特别是对一些地方传统媒体而言。信托基金的收入来源是众多资金的混合，包括地方广告、地方的公共基金、地方政府广告付费以及大型新闻机构的支持。为了保证质量和内容，基金必须履行义务，为公众提供优良的报导、公平的游戏规则、开放性的通道，这样人们可以通过网站、报纸、电视、广播获取地方信息，营造一个真正的社区服务氛围。[73]

总体来说，以公众津贴的形式对传统媒体进行支助日益受到人们的关注。比如说，在美国，过去5年随着传统媒体生存环境的进一步恶化，主张对传统媒体进行公众津贴的声音也越来越大。

不过，也有人对于公众津贴的效用到底有多大提出怀疑，认为这种方式并不能从本质上解救新闻业。

比如，在20世纪末，随着商业化的大众媒体模式发展到极致，很多西方国家的广告商越来越偏好报业的大佬们，而不愿将广告投向大量的中等规模报纸，从而出现报业的高度垄断。1950年代到1970年代，在北美和欧洲出现了大量的报纸倒闭。为了保护新闻的多样性，当时的报业委员会、国会倡议以及公众讨论都督促政府采取政策对报业进行支持。许多国家根据自己的情况采取了各种各样不同的政策，比如特别有利税率（special tax advantages）或者调节豁免（regulatory exemptions），还有的采取了直接的财政补贴等等。但是，到20世纪末，人们发现上述政策并没有发挥出预想的效果，中型报业的倒闭仍在持续。再比如说，在干预性政策最强的北欧国家，人们发现，支持各个不同党派的各种各样的政治类报纸体系消失。在美国，报业被豁免于反托拉斯法，竞争对手可以进行经济上的合作以对抗行业大佬，但是这样的举措仍然未能保存住市场上大量的中型报纸。[74]

自媒体与公民新闻

自媒体或公民新闻，是网络时代新兴的另一种新闻供应模式。自媒体与公民新闻的概念交织在一起，很大程度上已经难分伯仲。

参照维基百科，自媒体被称为grassroots media或We Media。人们对于自媒体给出的定义主要是以下几种：一是指在网络技术，特别是web 2.0的环境下，由于博客、微博、共享协作平台、社交网络的兴起，每个人都开始具有媒体、传媒的功能；二是2003年7月，美国的谢因·波曼与克里斯·威理斯对We Media（自媒体）给出的定义：“自媒体是普通大众经由数字科技强化、与全球知识体系相连之后，一种开始理解普通大众如何提供与分享他们本身的事实和新闻的途径。”

公民新闻的概念同样宽泛，指的是由非专业或传统新闻传播者所做的新闻报道，又称“草根新闻”“开源新闻”“参与新闻”“网络新闻”“使用者产出新闻”等等。

从商业模式的角度，本文关注的主要是自媒体与公民新闻模式是否能够成长为替代传统新闻供应的持续性力量。

国外已经展开的自媒体及公民新闻方面的尝试主要包括如下几种。

其一，绝大多数新闻采集由业余人士生产出来。

这种模式的代表是韩国的OhmyNews网站。这家网站成立于2000年，一大特点是推行“公民新闻”。网站上任何一名注册用户都能够成为OhmyNews的记者，还可以收取稿费。网站同时雇佣了70名记者对搜集到的材料编辑整合。在全盛时期，OhmyNews甚至发展成了一个除了韩语以外还有日语及英语的三语网上媒体。不过，对于OhmyNews初创期的成

OhmyNews的页面（图43）

功，有学者分析认为，OhmyNews成立的契机非常重要。当时韩国正值新闻放开的初始期，没有出现大规模或大品牌的商业化在线新闻机构。因此，一开始，OhmyNews就吸引到了大量的广告，这令它可以向投稿人支付稿费。但是到2009年，这种付费模式就开始被获奖取代；到2010年，它开始向读者发出募捐信息，希望读者援手支撑报纸继续走下去。[75]这显示，OhmyNews事实上并没有找到可资持续的盈利模式。

2010年，OhmyNews关闭了它的国际版，原因是“编辑没办法对信息进行核实。而核实正是我们的核心原则之一”。这凸现出公民新闻推进的另一大难题——信息的监管和搜集。

第二种方式是专业记者或新闻发烧友自立门户建立的新闻网站。

目前，英国和美国都出现了很多这样的由单个记者或新闻热衷者经营的网站。但是，令人遗憾的是，这些网站基本都不成功。[76]

皮尤中心的一份报告揭示：“所有这些网站都希望通过小规模人力，基于志愿者驱动。但是，由此产生的信息便极为有限，最终导致这些在线媒体提供的持续性新闻远不如现存的主流媒体”。[77]

这些网站同时也发现，和他们所想要取代的传统媒体一样，他们也陷入同样的困境——如何寻找到可持续的商业模式。

皮尤中心的报告这样写道：公民新闻没有资金支持，没有专业的新闻记者，没有主流传统媒体的支援。支撑网站的最大动力是创办者的激情，而一旦个人激情退却，网站的命运便也终结。这成为公民网站成功的最大障碍。

第三种模式是名人网站。

名人也许会对传统媒体有关自己的报道感到不满，他们转而砍掉中间人，自己直接向公众发布声音。这是埃里克·施密特在《新数字时代》中预测的未来十年里公民新闻的另一种重要形式。这种新闻被为Brangelina news（布拉吉丽娜新闻）[78]。名人们雇用团队，每日发布自己的动态，对热点做出回应，名人网站同时也成为最原始的信息源。

按照施密特的观点，他们不是一般的推特用户或者业余的网上观察家，他们是名人、权威人士。这种情况将会令传统媒体的生存环境变得更加复杂——

“……内容的多样化对于许多名人来说，也意味着另一种在严肃新闻机构与‘名人’新闻机构之间的选择。……事实上，和他们今天与慈善和商业机构的关系一样，名人会顺理成章地开始他们的新闻发布，并将之视为个人品牌的必要拓展。……而公众出于对八卦内容的热爱（比如在美国、英国及其他地区），许多消费者更愿意选择名人通道。人们会向这些名人新闻机构蜂拥而去，一方面是因为他们新奇的价值观，一方面是希望成为潮流中的一分子。”

在国内，名人的新闻发布已不新鲜。比如2012年4月26日，人民日报社社长张研农在复旦大学的演讲中指出，《人民日报》当时的发行量是280多万份，而“微博女王”姚晨当时的粉丝有1 955万。这意味着，姚晨每一次发言的受众，即便不算微博转发后的间接传播，也比《人民日报》发行量多出近7倍。他将姚晨称为“我们的‘对手’”。拥有微博，以一人敌一社，可算作自媒体力量一个真实写照。[79]

第四种模式是针对公民记者应运而生的专业中介。

这类专业中介致力于从业余新闻发烧友的长篇大论中进行筛选，将它们链接到专业的新闻网站。例如，Demotix就是这样的一个专业网站，它专门为公民记者提供一条接入到主流媒体的通道，但是要求与投稿人五五分成。[80]

2010年，Demotix还与Publish2联手建立了一个网站，主要为主流传统媒体提供业余摄影爱好者提供的相片。但相伴而生的问题是，业余摄影师的大量出现导致图片身价大跌，从而令专业摄影人员的生存环境更加恶化。同时，尽管人们想尽办法保护知识产权，但是对于内容的控制仍然没有达到预想。

上述四方面是自媒体或公民新闻潮流中出现的较有代表性的一些新变化。从目前西方传统媒体的进化来看，当面临现实的商业压力，新闻机构最自然的自救办法是降低成本。这其中，除了减少记者的人数，另一种办法是让部分业余人员（公民记者）提供内容，替代有薪记者。

但是，在这种潮流之下，以下两点值得思考。

其一，自媒体或公民新闻等新型业余玩家的加入加剧了新闻市场供大于求的局面。表面看来，参与者数量的增加有利于观点市场的丰富，但在实际操作中，供大于求反而造成市场效用的降低。

比如，人们发现，当越来越多的信息塞进记者的邮箱，他们更倾向于删除那些来自他们并不知道的人或机构的信件。而另一方面，为NGO服务的人们也在抱怨，他们感到比以往更难抓住记者的注意。[81]

其二，尽管业余供稿的趋势很流行，可是仔细考察，你会发现，业余投稿人的信息仍然大量来源于专业媒体每日的例牌报导。

皮尤中心2010年的一份报告显示：博客仍然非常依赖传统媒体——而且是主要几家新闻机构——以获取信息。博客上99%的链接来自报纸、广播、电视。其中来自BBC、CNN、《纽约时报》、《华盛顿邮报》的内容占了链接的80%。[82]

皮尤中心在巴尔的摩市的个案调查也显示，公众获得的95%的新信息来源于传统媒体（大部分是报纸），而不是新媒体。[83]

更加发人深省的是，这份研究同时发现，10篇新闻报道中有8篇并不包含任何新闻信息，同时新信息的供应商——报纸“提供的新信息较以往更少”。这传递出一个不容回避的现实：在眼花缭乱的自媒体、公民新闻为受众带来更多选择的同时，在新闻供应市场的表面繁荣之下，主流传统媒体向公众提供信息的能力正在减弱。

众包

众包（crowdsourcing）是互联网带来的新的生产组织形式。按照维基百科，众包是《连线》杂志记者Jeff Howe在2006年发明的一个专业术语。众包用来描述一种新的商业模式，即企业利用互联网将工作分配出去、发现创意或解决技术问题。通过互联网控制，这些组织可以利用志愿员工大军的创意和能力——这些志愿员工具备完成任务的技能，愿意利用业余时间工作，满足于对其服务收取小额报酬或者暂时并无报酬，仅仅满足于未来获得更多报酬的前景。尤其对于软件业和服务业，这提供了一种组织劳动力的全新方式。

众包客观意味着普通人也能参与到新闻的生产中（图44）

和我们熟悉的“外包”最大的不同是，“众包”的任务和问题外派给不确定的群体，而“外包”则是外派给确定的个体。

当众包这种网络新业态侵袭到媒体行业，带来的是什么样的变化呢？

一些西方学者认为，众包可能会为挣扎求存的传统媒体产业带来一种新的生产方式。

新闻整合服务商从搜索和链接中得到大量好处，但真正制作新闻的传统媒体却捞不到任何好处。这种情况下，未来还有谁会为新闻制作买单？谁会为那些每日采访、编辑、校对、出版的专业技术人员支付工资？这种观点认为，新闻产品的提供将会以新的形式出现——在这种模式下，一小撮专业人员高效收割、整合人们免费提供的各类信息。[84]这种形式便是“众包”。

典型的例子是赫芬顿邮报和The Daily Beast（每日野兽），这两家网站雇用极少的核心人员，每日在其他网站浏览，寻找最具吸引力的文章和视频，建立链接，并用自己的评论员对内容进行生发，展开评论。这样的网站十分流行，他们的运作成本非常低，但却能够通过自身网站上的广告获取收入。这种模式也被一些学者称为“链接经济”。[85]

我个人认为，这类专业新闻网站更适合归属为新闻整合。和谷歌等大佬一样，这类网站走的是信息整合的路子，不过后者是凭借技术优势，通过大规模的搜索，提供了信息整合的广度；而前者则凭借采编优势，倚重信息整合的深度。

在新闻采编中采用“众包”手法的另一个例子是英国的一家杂志《国际金融法律评论》（IFLR）。这家杂志一年出版10个月，订价185英磅，只有两名全职员工。它有大约2 000个订阅用户，主要是各个律师事务所的律师以及那些在家里为大公司提供法律服务的律师，但是IFLR的盈利一年达到20万英磅。

IFLR每一期的内容大约有40页，其中2/3的文章是由经济律师撰写的他们关于某一单交易的相关信息，或者是他们在工作过程中遇到的某一个有关行业的法律上的问题。写这些文章的律师都没有稿费。剩下的1/3的文章则是由采编人员自己组织，通常是一个日志，分门别类地记录了各家公司的任命和雇用方面的人员变动信息，公司开业信息等。每期还会有一两篇的特写，主要是关于在某一国家展开的关于律师事务所的相关调查。此外，还会有一些非常少量的广告。[86]

除了IFLR这样的专业媒体，传统媒体也零星地采用这种方式，作为对于主流新闻供应的补充。

比如，BBC成立了一个15名专业记者组成的特殊小组，对业余爱好者提供的大量信息进行甄别。[87]再比如，2008年美国华盛顿州《发言人评论报》利用其网站，鼓励雪灾中的读者根据自己的地理位置在谷歌地图上添加自拍的新闻照片、视频和评论，从而极大地丰富了该报对雪灾的报道等。

不过，有观点对于传统媒体采用众包的效用持怀疑态度。比如对于BBC的特殊小组，有学者提出：即使这种模式对新闻报道确有助益，但是相对于15名专业人员的代价来说，成本和收益比仍然值得怀疑，特别是对一些资金紧张的媒体来说。[88]

网络大佬谷歌也对众包在内容制作中可能发挥的作用流露兴趣。强调自己“科技血统”的谷歌曾经明确表示“不熟不做”，不会涉足内容的创作。但是，谷歌仍在2010年对于一个纪录短片《浮生一日》的创作投入资金。这个短片被认为是众包在内容制作中的一个实战，也被称为是社交化的影像录制尝试。

谷歌旗下的YouTube向全世界网民发出邀请，请他们在2010年7月24

日这一天，用自己的摄像机记录下自己的生活琐事以及对一些简单问题的回答。来自190个国家和地区的总计近4 500小时的视频，展现了在同一天之中世界各地人们的日常生活。人们记录下各种迥异的生活片段：有人欢乐，有人愁苦；有人平淡，有人热闹；有人记录自己，有人记录他人；有完整的小事，也有无头无尾的片段。所有这些视频经过首席执行导演凯文·麦克唐纳的构想与处理之后，最终呈现在人们眼前的便是《浮生一日》。

除了上述基于内容的众包，新闻报道的资金也开始出现这种模式。比如上文提到的琳赛·霍晓的报道，它实际上也是对新闻报道的资金众包——公众共同承担新闻报道的费用。我个人认为，资金的众包对于现阶段传统媒体的助益可能更具普适性。

综上所述，在公众津贴、自媒体与公民新闻、众包三种模式中，公众津贴寻求的是对于传统媒体的外部补贴力量；而后两种模式寻求的则是对于传统新闻报道力量的替代，本质上循着成本减省的路径。这其中也许会蕴含着这个时代赋予个人的众多机遇，但于媒体行业整体而言，却并不足以创新出新的、可资持续的商业模式。

对于传统媒体来说，摆在眼前的现实境况是：即使是那些慷慨解囊的非盈利或慈善基金也必须至少能够保持收支的平衡，才能得以维继。否则终有一日，这些基金也将力竭干涸。因此，对于传统媒体而言，它们亟需的仍是一种可资持续的商业模式。

第8章 传统媒体的未来——Back to basic

假定媒体的传统存在方式被网络彻底颠覆，换言之，按照最悲观的预见，假定传统媒体已经没有存活的必要，那么NEWS（新闻）是否还将存在，又将以何种方式存在？

1999年科技股泡沫后，科技界痛定思痛，提出“back to basic”（回到基础）的口号。在那之后，为数众多的商业公司、业界名人提出同样的口号。对于这个飞速变化的时代，人们都在不断反思：它的本质、它的传播路径、它的新的消费行为及消费理念……

在网络进入我们日常生活20多年以后，今日的传统媒体从业者也许同样需要这样一番返璞归真的反省——媒体之于社会的作用到底在哪里？

假定媒体的传统存在方式被网络彻底颠覆，换言之，按照最悲观的预见，假定传统媒体已经没有存活的必要，那么NEWS（新闻）是否还将存在，又将以何种方式存在？

让我们尝试对“新闻”的概念归零，从“新闻”发轫早期的历史中寻找一些启发。

西方人类学家搜集对比了人类社会早期留存的一些关于“信息”的碎片。他们惊讶地发现，不论是在非洲最为偏远的部落，还是在太平洋最偏僻的岛屿，人们不仅对NEWS的定义惊人地相似，甚至在搜集、传播今人所谓的“新闻”时也表露出相同的价值观。历史学家米切尔·斯蒂芬斯因此在《新闻的历史》一书中这样得出结论：人们在交换新闻信息过程中的价值趋同“贯穿历史，并且超越文化”。[1]

怎样解释这种神秘的“一致性”？

历史学家和社会学家将其归结为人们的一种认知本能，抑或是“认知饥渴”——人们需要了解在自己直观经验以外的正在发生的事情。[2]

这种贯穿历史的“认知饥渴”同时也传递出令人鼓舞的信息——既然人们的“认知饥渴”贯穿古今，那么，解答人们“认知饥渴”的新闻便也有着贯穿古今存在的必然性和合理性。

即使技术解构了整个社会，颠覆了传播环境，新闻业作为系统社会生产新闻的工具，其优化信息传播效用的工具属性便也不会发生改变。所不同的是，我们需要寻找新环境下，实现信息传播效用最大化的方法。

在人类发展的漫长历史长河中，大众对于信息效用的要求随着技术的进步不断向前演进。但是，毋庸置疑的是，每一个时代孕育着每一个时代的机会。

如果说1500年代上一轮印刷技术带来的传播革命中，信息传播的效用提升体现在信息突破教会等世俗势力的“守门”，得到传播物理范围的飞跃性提升。那么，在我们身处的这个时代，数字技术带来的信息传播效用可能更体现在信息传播对于个体的效用，甚至对于问题的求解。

从这个意义上，传统媒体也许更需要深思：在告别传统意义的“守门人”角色后，应当如何重新回归到自己的历史定位，实现信息传播效用的最大化。

未来的媒体将呈现何种面目，始终只有历史能够证实。本章只是尝试从迷雾中寻找可能的方向。

基于内容的服务供应商

从20世纪50年代开始，美国报业进行了一系列关于新媒体的波澜壮阔的尝试。这些悲壮的尝试留给我们的一个重要启示在于：如果报业无法割断基于内容发送把关的传统“守门人”角色，便无法立足网络社会。

割断传统的“守门人”角色，重新寻找传统媒体在网络中的定位，我们不妨回顾一下新闻的产生。

早期的新闻，不论是产生于咖啡馆、小酒吧，抑或是古希腊的公众演讲，目的都是为了更好地整合信息，满足人们的需要。因此，本质上看，不论是传统年代的“守门人”抑或网络时代新型的“过滤器”，向大众提供新闻的媒体行业，本质是一种提高信息传递效用的工具。

这种工具属性同样闪现在网络身上。

网络的技术初衷是一个“为人民服务”的工具。比如，因特网的前身——阿帕网在诞生之初倡导的就是资源共享。及至TCP/IP协议被开发出来，这个规范以及其他的因特网技术也全部公开，目的是要使各个厂家生产的计算机都能够相互通信，使因特网成为一个开放的系统。

从这个角度理解，传统媒体实际应当以更为开放的心态迎接网络。只不过，今天的新闻需要在旧世界被打破后，经历“返璞归真”的挣扎，更多地考量如何在这种新技术的助力下，更为专业地满足人们对信息的需要，而不是执着于对传统“付费型”盈利模式的留恋。

如何满足人们对信息的新的需求？

谷歌提供的是一个纯技术化的解决方案。

它的商业逻辑的核心是在一个信息超载的社会通过“搜索引擎+关键词”的主要手段，提供技术上的个性化过滤，以达到信息传播的效用。

但是，显然，信息传播的效用是多层次的。

所以，我们会在技术层面以外看到：Craigslist对于信息传播效用的解答是梳理出旧货、房产、招聘、交友、饮食等各类“有用信息”，以信息的“实用”抓住人心。

也许，我们可以这样得出结论：

不论是谷歌还是Craigslist，它们的成功在于抓住了“信息传播效用”的大旗，在这个信息超载的社会，向受众祭出了自已优化信息传播效用的方案。

不得不说的是，这事实上，正是长久以来新闻的历史使命。

同样面临这个信息超载的社会，生产出大量新闻的传统媒体的作用到底应该如何体现?

基于内容的服务供应商也许是未来一个大的可能方向。

从传播的角度看，传统媒体行业与谷歌、Craigslist为代表的新媒体处于同一个生态圈——内容供应商。

前者通过专业的记者、编辑队伍，基于专业的判断眼光，对新闻进行搜集加工。后者则利用网络聚合包含新闻在内的一切信息，通过搜索引擎对信息进行基于个体的有用“筛选”。

以谷歌为例。谷歌漫长的产品线基本可以被归纳为信息、应用、社交、利润、新方向、技术等6个层面。在每一层面之下，谷歌开发出不同

谷歌在美国人生活中几乎无处不在（图45）

的方向，其下又对应着细分的子产品（腾讯的事业群制与此有很大相似）（见下图）。

谷歌的产品矩阵

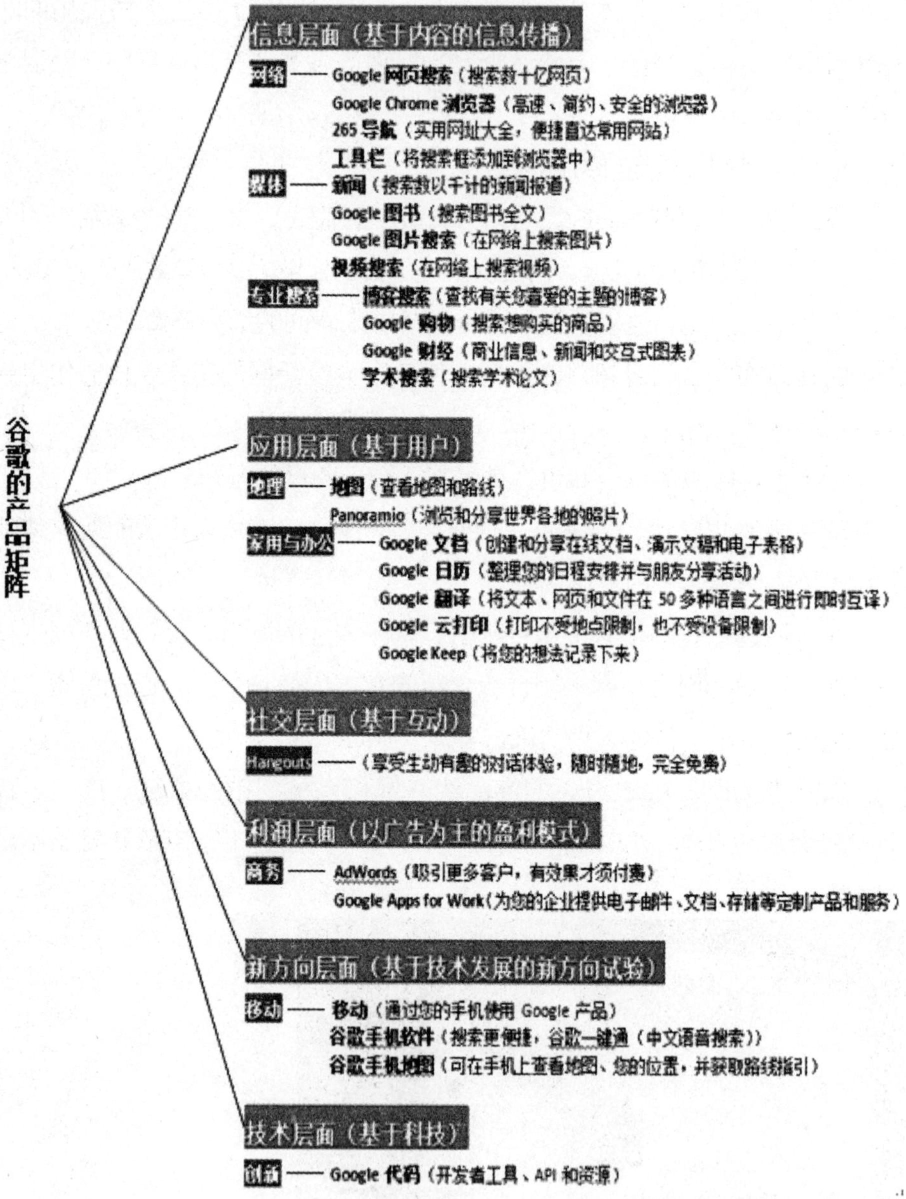

（制图：李青　来源：谷歌官网）

如果对它们的产品流程进行分析，也许你会更清楚已然发生在我们生活中的那些传播渠道的变化（见下表）。

传统媒体与谷歌、Craigslist传播过程的比较

	生产流程	附加值及最终产品	核心竞争力
传统媒体	·基于富含新闻价值的信息，对内容进行采集、编辑 ·对信息依据题材分层（要闻版、地方版、财经版、娱乐版、体育版……）	·专业的新闻采编人员对信息进行专业的新闻性加工 ·终极产品——经由编辑把关后的新闻	·专业内容制作 ·供应垄断
谷歌	·基于一切信息的内容聚合与搜索（网页搜索、博客搜索、购物搜索、新闻、图书、图片、视频……） ·基于技术的推广应用（谷歌地图、谷歌日历、谷歌翻译、谷哥云……） ·基于互动的应用（谷歌社交媒体Hangouts）	·对信息的广义的聚合（以规模取胜） ·提供寻找信息的路径（搜索引擎） ·满足内容以外的其他用户需求 ·终极产品——基于内容、基于技术推广、基于互动等多层产品体系	·基于可达信息规模的新型供应垄断 ·搜索交通工具 ·内容以外的其他服务 ·开放的互动平台 ·个性化（基于个人的自助服务） ·个人免费
Craigslist	·对特定领域的信息聚合、分类与搜索 ·构建论坛平台	·构建个体免费发布信息的平台 ·基于个体用途对信息进行粗框架归类 ·提供信息搜索路径，用户因需发起自助服务 ·终极产品——特定领域信息的个性搜索服务	·个人发布信息的免费平台 ·通过对特定领域可达信息的规模，实现细分市场的供应垄断 ·开放的互动平台 ·个性服务（搜索路径+关键词的个体自助服务）

（制表：李青）

通过上图，我们可以发现——

1. 传统新闻业的最终产品只是谷歌、Craigslist产品原材料中的一小部分。

2. 谷歌、Craigslist的核心是服务。服务包括基于内容的服务以及内容以外的其他应用性服务。

3. 谷歌和Craigslist对于内容层面的实质性加工停留在两点：其一，规模的聚合；其二，粗框架分类。在内容层面，它们的核心竞争力在于——“搜索引擎+关键词”的工具服务。

上述分析为我们带来思考：假如将整个网络虚拟世界看作一个无比庞大的信息产业，那么，这个链条呈现的生态也许应该是这样：

网络信息传播生态图

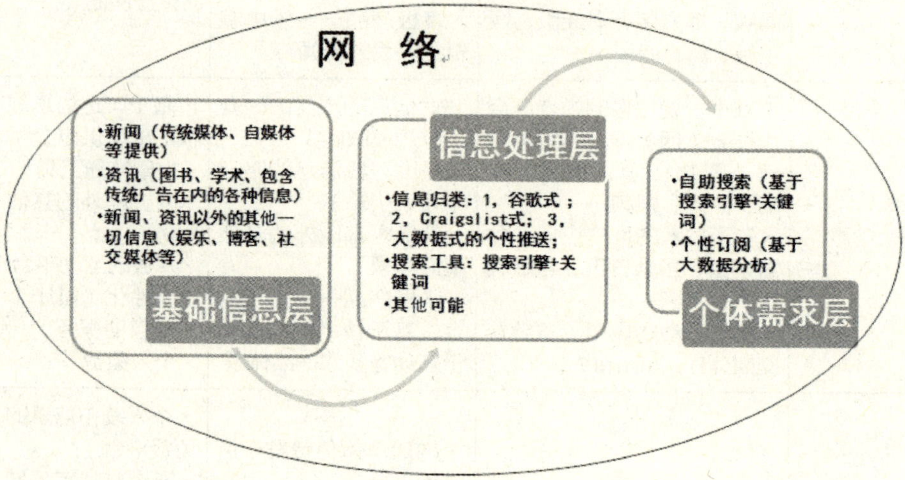

（制图：李青）

从这张生态图可以看到，新闻业和传统媒体的现状在于——在整个信息供应链条中，他们正处于基础信息层，谷歌、Craigslist等新媒体切入的则是下游的信息处理层，信息产品的终极环节是个体需求层。

对于传统媒体来说，摆在眼前的事实是——新闻业优化信息传播的工具效用需要时代进化。

在印刷技术以前，阻碍信息有效传播的最大门槛是信息的获取——教会等对信息传播的物理限制以及信息传播的高成本阻碍着人们获取信息。新闻业借助于印刷技术，突破了教会“守门”并极大解决了信息传播的成本，信息传播效用由此得到质的飞跃。

随着网络技术的普及，信息的获取不再是难事。网络带来海量的信息泛滥，同时令人们对信息传播的要求随之发生改变——如何实现基于个体的有效信息筛选。

面对用户的需求转变，传统媒体需要与时俱进。改变首先体现在下述观念的转变。

其一，“新闻”的内核已经发生改变。

从新闻的角度看，如果说，印刷时代的“新闻”意味着新闻的采集制作，那么网络时代的“新闻”则意味着基于个体的有用新闻。从前者向后者的过渡中存在着诸多路径：RSS式的新闻定制；针对细分市场的专业新闻，基于地域（LBS技术）的主动推送，等等，这些可能性值得传统媒体深入研究。

其二，“新闻”的外延亟需拓展。

对比谷歌、Craigslist可以发现，“信息”而非单纯的“新闻”成为整个传播链条中的核心。从“信息”的概念出发，对“新闻”的价值判断除了传统的“5W+H”，也许应当增加新闻的“实用性”考量。

其三，“广告”边界开始模糊。

“广告”已经转变为网络时代的另一种“有用信息”，这意味着传统的“广告”界定已经改变，广告盈利的出发点由此也应当发生改变。当你尝试着以“信息”而非“广告”的眼光看待广告，你可能会看到另一个不同的世界，看到更多可能。

其四，生产环节向下游延伸，由此带来“生产商”向“服务商”的角色转变。

印刷时代，传统媒体的核心工作是生产新闻。放诸网络时代，新闻不再是终极产品；随着谷歌、Craigslist等新媒体推出下游附加值产品，新闻更多地开始以“原材料”的面目出现。

假如将新闻比作鱼，也许可以这样理解：印刷技术年代，社会大众需要的只是鱼；而当网络时代，捕鱼不是难题的情况下，大众需要的是“一鱼多吃”。对于传统媒体来说，这意味着，他们在印刷时代的“渔夫”工作，在网络时代已经退化为第一道工序。时代要求他们向厨师转变，针对不同的食客，烹制八大菜系。

因此，总体来说，传统媒体首先需要跳出“基础信息层”，跻身“信息处理层”，加入与谷歌、Craigslist等的同场竞技。

这显然已经是一场对手遥遥领先的角力。

但是，我始终认为，网络时代一切皆有可能。传统媒体葆有生机活力的必然性和可能性的逻辑如下：

其一，专业的新闻媒体仍然是内容生产的最主要力量。

尽管网络充斥着海量的信息，但是传统媒体仍然是最主要的信息来源。前文引用的数据可以再次印证这一点。皮尤中心2010年的一份报告显示：博客获取信息的主要通道仍然是主要的几家新闻机构。博客上99%的链接来自报纸、广播、电视。其中来自BBC、CNN、《纽约时报》、《华盛顿邮报》的内容占了链接的80%。

皮尤中心在巴尔的摩市的个案调查也显示，公众获得的新信息，95%源于传统媒体（大部分是报纸），而不是新媒体。

其二，专业性。

如上文所述，目前为止，谷歌和Craigslist基于内容层面的实质性工作仍然只停留在两点：其一，规模的聚合；其二，粗框架分类。

相形之下，传统媒体的专业性其他行业无法复制。其专业的内容采集和加工队伍亦是其他行业不可比拟的优势。长久以来，受困于“渔夫”的身份标签，这种专业性只体现在新闻的生产制作层面。但是，放诸网络时代，一旦转变观念，更广阔的空间等待着他们。

比如，从“新闻制作”转向“内容制作”，随之而来，你会发现，制作的主体除了新闻以外，更为大量的是新闻以外的所有信息。

比如，将工作重心从“渔夫”转向“厨师”，随之而来，你会发现，工作的主要环节从“新闻生产”向外发散成为基于所有内容的“服务”。

在生产型企业向服务型企业转型的过程中，人们发现由于产品不同，企业结构和生产环节出现不同。前者以生产环节为主，资源集中于生产出优势的物质产品；而后者以提供优质服务为主，资源集中于针对用户的服务。由此带来一个很大的问题是人员的换新与淘汰。

但是，与其他行业不同的是，传统媒体不论在生产型媒体中还是在服务型媒体中，核心竞争力都在于其专业的内容采集和加工队伍。同样这一群人，不同的是，他们的身份标签从“渔夫”转换成了“厨师”。

对于记者和编辑来说，现实的挑战是他们所要承担的工作可能将面临很大改变。

比如，以往记者完成稿件后，只需要将稿件投向固定的稿库，等待编辑取用；未来，他们可能需要将稿件投向多个通道的不同稿库，由不同的编辑进行不同用途的取用。编辑以往的工作主要是改写稿件、编辑版面；未来，可能会出现专业的信息编辑，他们搜集、整合新闻以外的其他所有信息，然后投放到基于平面、电脑、手机等各个终端的传播渠道；可能会出现分稿编辑，他们根据题材、关键词或者地域等诸多要素对包括新闻在内的信息进行二次多维分类。

在实际操作中，对信息进行多维度处理加工客观上需要聚集所有编辑力量的“中央厨房”，这是实现上述可能性的前提。在国内，已有前瞻性的报纸进行可能性尝试。

比如，《羊城晚报》2013年已在国内率先推出大编辑平台和“中央厨房”概念；再比如《成都商报》随后也在2014年9月底推出“中央厨房”概念。上述转变实际上已经隐含从“生产商”向“服务商”角色转换的可能。

一言以蔽之，传统媒体经过上百年发展，业已形成的较为完善的专业化新闻操作手法，在网络时代，随着用户需求的变化，正在面临新一轮的升级。服务不仅仅是生产，或者依托于生产的服务，也是他们利用网络放大自身专业附加值的重要可能。

寻找“为人民服务”的盈利模式

商业模式始终是困扰传统媒体网络进化的核心问题。一方面，全世界仍有大量的报纸在通过“付费墙”，为新闻生产分担成本；另一方面，基于内容付费的花园围墙能否本质上带领传统媒体走出泥淖仍然是个争议性极大的话题。这种观点实质认为，读者或者用户可以部分地分担成本，但是他们不足以承担起正常新闻生产的所有成本。

从这个角度看，传统世界“发行+广告”的盈利模式也许仍然是网络世界传统媒体盈利的主要通道。内容收费可以一定程度上缓解传统媒体的经济困境，但结点在于——如何令在线广告形成持续的增长动力？

如上章所述，谷歌等新媒体在线广告巨额利润形成的原因有很多。但是，我个人认为它们对传统媒体的深层次启示也许在于：在网络的“利他”世界中，传统媒体首先需要寻找自己的“利他”价值。这种“利他”价值是吸引阅读量及在线广告的核心。

这种观点建立的大背景是：网络改变人们生活的同时，亦在重塑商业世界的价值观。等价交换的商业法则在网络空间变得隐

网络正在改写商业世界的价值观
（图46）

晦。更为现实的景象是：我为你创造价值，我的价值就体现于我为你创造价值的大小。或者借用目前国内正在流行的形象描述：羊毛出在羊身上，猪来买单。

这种价值观在那些成功的新媒体身上可以找到印证。考量谷歌、Craigslist等各类新媒体，你会发现它们成功的深层共通点是——利他。

以谷歌为代表的新媒体的盈利模式是搜索引擎广告，它建立的前提是向公众提供最有力的免费搜索工具；而公众对于谷歌的需求也在于，面临信息超载，他们需要有效的信息甄别工具。谷歌搜索引擎正是这样一款物理工具，提供技术层面的甄别。

以Craigslist为代表的新媒体的成功同样是利他——为人们建立免费发放分类广告的平台，由此聚合受众。

谷歌等新媒体的利他属性是否让你想起网络在我们日常信息传播中呈现的传播新特点——共享？你是否已经感到，二者实际紧密勾联？

不得不说的是，网络的技术初衷是一个“为人民服务”的工具，这其实与新闻的初衷不谋而合。

“从新闻生产”向“基于内容的服务供应商”转变，其中隐含的同样是利他的价值观——新闻以至其他内容的生产都只是手段，终点是基于内容的服务。

具体到媒体行业，我个人认为这个行业能够为大众创造的价值主要体现在两方面。

其一，无可替代的专业性。

这一点上文已做阐述。传统媒体在此方面的最大优势是其专业的新闻采集加工队伍。经过上百年的发展，传统媒体在新闻的采集加工上业已形成有组织、系统化的操作。当这种操作向内容服务层面转型时，其专业性无法抄袭，其专业性能够真正原创出网络没有的内容。

其二，无可替代的公众功能。

“公众论坛”是传统媒体实现利他价值的另一个重要可能方向。基于媒体独有的公众功能，这种利他价值将是谷歌、百度、腾讯等商业机器不可能到达的领域。

在操作上，“公众论坛”首先在技术上意味着内容准入的开放，而非把关。当任何人都可以成为记者或评论者，当“把关”在某种程度上已经形同虚设，媒体作为专业人士，可以运用自己的专业知识，通过各种方式、活动，搜集、梳理甚至引导人们的意见。

或者，我们可以更为直白地理解：网络世界的新闻正在向日常交谈回归；在这个过程中，媒体应当承担起梳理和引导的专业角色。

我个人认为，媒体“公众论坛”角色的合理性主要在于以下几点。

其一，政府与民众的桥梁。

其二，形成意见领袖。

其三，凝聚社区。

上章提到的英国专业性杂志IFLR，它所践行的实质就是收集意见型的“公众论坛”。IFLR赖以生存的血统非常清晰，服务于一群专业性的读者，依存于他们的青睐及资助，并为他们提供高质量的信息。杂志内容主要关于那些法律领域中的复杂事务，没有插科打诨，没有一星半点的闲谈，也没有针对某一位律师的质疑、揭秘、追踪、调查内幕等等。这个杂志做的所有事情，以及最棒的事情正是这一特定群体想要的东西——对所在的行业充分了解并及时获得信息。[3]

客观上说，IFLR式的“公众论坛”停留在信息的搜集，仍然是一种十分基础的论坛。相形之下，大众媒体可能扮演的“公众论坛”也许有着更大的空间，以及更多种多样的组织形式和实现方式。

以报纸为例。假设某地公园将要进行搬迁，报纸按照惯常的报道手法，往往付之以一篇或数篇文字报道。即便这些文字以电子版的面目出现在网站，其本质仍是旧传播环境遗留下来的、单向的、输出式的信息传播。想想web 2.0的本质“互动”，你会发现缺少的是信息传播的另一端。

怎样激活互动？其中隐藏的许多可能性值得我们思考。基于移动端的读者投票、“公园故事”“未来猜想”……诸如此类或者更富创意的活动和手段，不仅可以强化报纸与读者的互动，也间接从读者视野审视公园搬迁决策及方案的合理性，令后者更为优化，实现信息传播效用的最大化。

另一方面，我个人认为基于媒体专业性的“公众论坛”是诠释“社群价值”的最好注脚。

2000年前后，巴菲特曾经表示，不论怎么样，他都不会购买报纸，因为这是一个看不到希望的行业。然而，到2013年3月，巴菲特已经在过去15个月以3.44亿美元收购了28家日报。按照巴菲特本人的解释，他看重的主要是这些报纸在“社区”中的力量。[4]

按照我个人的理解，媒体的“专业性内容服务”与“公众论坛”是真正实现社群价值的最理想平台。一旦传统媒体建立起这种利他的力量，这将是一种任何商业机构无法比拟的力量。而一旦传统媒体建立起这种力量，那么商业模式的凝聚必将不远。

在这个过程中，不论是从“生产商”向“服务商”转变带来的媒体“专业性”升级，抑或是旨在架设桥梁的“公众论坛”，在信息的互动中追求传播效用的最大化，这也许是网络时代带给传统媒体的新的挑战。

总之，不论你是否愿意接受，网络技术的到来正在令媒体传统的“守门人”角色面临瓦解。这是新技术带来的不可逆转的时代潮流。

这股宏大潮流在摧毁旧世界的同时，挟卷而至的同样还有新的时代可能——如何在海量信息泛滥的洪流中成为民众需要的新型“过滤器”——这也许就是新技术为传统媒体带来的全新挑战与机遇。

如果传统媒体能够放弃曾经的“王者”心态，践行新闻“为人民服务”的初衷，那么，它的力量也将在这个过程中不断扎根。

扑面而来的浪花带来海洋的气息，不论你是否能够感受到这种时代的大潮，海已经到来。

移动·地方·搜索

I have seen the future, and it rings. As a matter of fact, the damn thing won' t stop ring.（我看到未来，它正在响。事实上，这个鬼家伙会响个不停。）[5]

一位美国学者用这种方式表达他对未来新闻的展望。

曾在1994年10月对未来做出过精准预告的《连线》杂志，也在2010年9月发布其封面文章宣布——“网络已死”（Web Is Dead）。[6]

移动已经成为人们的生活方式（图47）

“网络已死”的真正含义是：市场正在越来越依赖于那些使用网络作为交通工具，但却不通过浏览器浏览网页的平台。比如说，各种移动设备以及各种应用软件。

相形于上一轮技术革命中，人们通过电脑接入网络而言，“移动”是这一轮科技转换的重要特征——绕过电脑，通过各种移动设备接入网络正被印证为新的具有更大市场想象空间的潮流。

随着科技的进步，这些移动设备对网络的冲击与日俱增。仅仅从保有量上看，二者的差距便已惊人：2010年，全球68亿人口中约有50亿人拥有移动电话；而在2012年，全球只有13亿人口拥有个人电脑。[7]

在国外，比如美国市场，移动正在成长为新型的媒体投放渠道——大量的读者蜂拥向基于移动设备的媒体通道，但是广告投入还并未完全跟随。

研究公司eMarketer.com公布的一份2011年美国市场的数据更为直观地让我们看清现实。

报告显示，美国消费者在电视上消耗了42.5%的时间，同时电视广告占整个广告份额的42.2%；网络消费了人们25.9%的时间，占据了21.9%的广告份额；移动媒体吸引了人们10.1%的时间，但是仅占0.9%的广告份额。人们仅在报纸上消耗了4%的时间，但是报纸却占据着15%的广告份额。[8]

通过这份报告，人们发现：各种介质广告投入的转变滞后于人们消费模式的转变。总体来看，电视占据的广告市场份额清晰合理，但数字化媒介占据的广告份额却并没有反映它们的实际价值。比如，移动设备每天消耗了一个成人10%以上的时间，但是却只获得了不到1%的广告回报；而另一方面，报纸获得的广告比重则远远超过它们对消费者的影响力。

通过上述报告，我们可以得出的结论是：其一，基于纸媒平台的广告投放已经出现“玻璃顶”，寻找新增长空间难度将会很大；其二，移动广告将具有最大的增长空间；其三，移动设备正在成为新型的媒体投入通道，并且快速超越传统的报纸、电视广播以及基于电脑的在线媒体。

上述分析对于传统媒体无疑有着极大的启示：网络技术正在从上一轮的互联网时代步入新的“移动”时代。这样一次新的技术更迭意味着市场秩序的重新梳理，对于媒体来说，这可能意味着寻找崭新机遇的新契机。

事实上，在美国，移动化浪潮已经袭卷媒体产业。一位美国学者这样写道：今天，每个媒体公司都制订了自己的移动策略，它们意识到这是另一个正在演进的市场，（媒体公司）必须积极参与到用户中。

在国内，移动的前景已经被不少前瞻性的传统媒体关注。不少报纸开始争相将自己的内容通过各种渠道发送在移动设备。

但是，我个人认为，传统媒体也许可以尝试以一种更为开阔的视野深入到这一轮新技术的革命大潮中。

回想一下奈特·瑞德早在1994年就已经开始尝试的电子平板，后人将这项研究称为“2010年发行的苹果iPad的1994疯狂预告版”。这项研究的流产很大程度上囿于当时的技术瓶颈。但是，随着移动时代的到来，随着移动设备技术上的完善，也许我们可以尝试以移动平板设备作为纸质内容的另一种载体。这种载体不是普通意义的纸报的电子版，它以移动平板的形式出现，类似于手机或iPad，同时将通讯、社交、购物、分类广告、搜索、小额收费、读者反馈等各种服务融于一体，从而从终端占领读者。

关于电子平板，也许有人会认为，这个概念于印刷媒体并不是个新鲜话题。诚如斯言，不仅奈特·瑞德20年前就已经创新性地试验过这种新事物，在国内，电子书的概念也在多年前兴盛一时。但是，任何成功的事物都需要天时、地利、人和的磨砺。

典型的失败教训如美国报业早在1980年代就已经推出的“Viewtron”项目以及“Gateway”项目。早在30多年以前，前瞻性的美国报人就已经在这些试验性平台上延伸出诸如在线购物、在线银行、在线游戏等诸多服

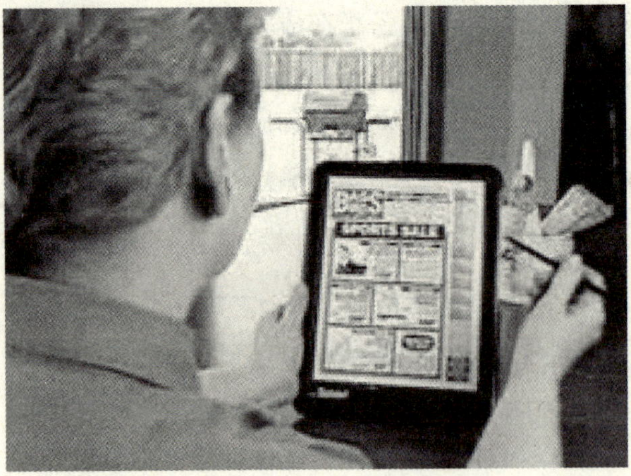

奈特·瑞德在1994年就已经推出的电子平板（图48）

务。今天，我们会发现，早期的这些报业试验与今日的网络面目在理念上如出一辙。但是，不幸的是，前者生不逢时，它们试验的那个时代还没有成熟的技术支持报业的开创性想法。

同样的典型个案是国内的《南方都市报》iPad电子报《南都DAILY》。

2011年6月，南都全媒体针对iPad用户推出iPad电子报纸《南都DAILY》。按照当时的报道，《南都DAILY》精选《南方都市报》每日精华内容，实现新闻资讯从图文报道到音、视频立体传播的跨越。在具体的内容上，《南都DAILY》分为评论、重点、时事、深度、视觉、国际、财经、娱乐、体育、漫画、专栏等板块，囊括了文字、图片、视频、流媒体等多媒体呈现形态，同时结合当下社会化媒体特性，提供新闻信息的即时分享和管理收藏。

客观上说，《南都DAILY》早在2011年就已经开始前瞻性地看到移动阅读的庞大市场，并开始借助于移动平台，这是非常具有战略眼光的举动。但是，在2011年，iPad是不是一个最佳的移动阅读平台呢？

如果将iPad与智能手机作为参照，2011年，按照美国投资顾问公司Caris & Co.的预测，iPad的全球销量将从2010年的1 400万台增加到2011年的3 600万台。这显然是个快速增长的数字，但是，相形智能手机，这仍然只是庞大冰山的一角。2011年，按照业界的预估，当年智能手机全球销量将达到4.2亿部。

这些数字说明什么问题呢？隐藏其后的是对于科技趋势的把握。至少从当时的用户基础看，智能手机表现出更为广泛的用户基础。不仅如此，2011年的网络技术环境，不论是移动上网的稳定性、广泛性以及资费等都显示，移动阅读正处于萌芽期。

在技术的萌芽期，小范围的试验尝试，摸索新环境下的读者特点、传播规律，也许比大面积的、以有限期内盈利为导向的项目上马更值得参照、更容易控制成本。

重新将视野拉回到当下，如果我们把以电子平板为载体的报纸称之为“电子平报”，那么，20年前的“电子平报”也许会被人们认为是科幻小说；3年前的“电子平报”也许还缺乏足以成熟的技术支持和消费人群；那么今天，随着网络技术的发展，随着移动硬件设施的突飞猛进，移动“电子平报”的概念也许已经到成熟孵化的时刻。当今日的传统媒体走上交叉路口，它们更需要放出开创性的眼光和勇气。

除了“移动”，如果用时下最时髦的关键词来描绘传统媒体的未来，“地方”也许是第二个重要的关键词。

谷歌CEO埃里克·施密特早在2011年就已经明确表述过类似观点。他在当时表示，电视的未来是“移动、地方和社交”（mobile, local and social）。[9]

“地方”为什么会如此重要呢?

我个人认为，一方面，这是因为在网络海量的同质化信息中，“地方”是实现内容差异化的重要手段。而另一方面，“对于大多数人来说，网络只是意味着他们使用的那部分”，因此，“地方”便也意味着他们生活的主要世界。

“地方”同时意味着“社群”。比如上文中巴菲特极为看重的报纸在社区中的力量，这种力量其实已经很难同“地方”割裂开来。

在中国，除了极少数的全国性媒体外，绝大多数传统媒体的主要读者群是以地方为主。这一点和美国的报业十分相似。在美国，除了《华尔街日报》《纽约时报》等极少数的全国性报纸外，剩下的上千家报纸都有着鲜明的“地方”血统。“地方”的重要性由此更加彰显。

如何加强地方性?

长久以来，传统媒体一直十分强调内容采编的地方性。但是，跳出“内容”，以“服务”的眼光去看待其他方向的可能也许为我们带来更多启发。

比如，开放地方性分类广告。这类分类广告包括房产、娱乐、餐饮、教育等各种实用信息。如Craigslist所印证成功的那样，传统媒体可以通过这类信息的“实用性”将受众粘合在一起，转而通过其他方式寻找盈利模式。

再比如，建立地方性的旧货交易平台。借旧货覆盖面之广大，传统媒体同样以“实用”和“服务”吸引人心，转而通过其他渠道盈利。

跳出“内容”，以“服务”的眼光看待世界，你会发现更多新可能（图49）

又比如，在人流密集的小区建立电子滚动屏幕，实现媒体形象的地方渗透等。

除了“移动”和“地方”，从盈利模式的角度，我认为，传统媒体还应当强化未来广告的“搜索”血统，推行基于搜索结果的广告投放方式。

谷歌搜索引擎广告的技术本质是依托于搜索。为什么是搜索呢？如前所述，原因无他，盖信息超载耳。因为信息庞杂难辨，人们只好通过搜索，寻找自己的目的地。因此从这个层面看，至少在目前的技术阶段，搜索是人们在网络世界行走最为通用的技术工具。

如前文所描述，基于搜索引擎的广告投放所体现出来的各种优势已经非常明显。它们不仅能够更为有效地命中消费者，也更易量化。某种程度上，它们是网络时代行进到这个阶段，人们发掘出来的最好的广告投放方式。对于这种先进的事物，比如谷歌搜索引擎广告的运作方式，传统媒体需要以一种开放的心态予以借鉴，甚至在必要时与技术企业联手，更新现有的广告投放、呈现以及跟踪方式。

关于“搜索”，还需要指出的是，长久以来，媒体是文人骚客聚集的所在，但是随着技术的演进，人们必须要了解新工具、新技术，为传统媒体注入“技术”的因子。

这方面，值得深思的是谷歌CEO埃里克·施密特向英国传统媒体的进言：“你们需要把艺术和科技结合起来。想想维多利亚时代的辉煌。在那个时代，诗人同时又是桥梁制造家。刘易斯·卡罗尔写出经典的童话，同时还是牛津的数学导师。詹姆斯·克拉克·麦克斯韦被爱因斯坦称为自牛顿以来最杰出的物理学家，但他同时也是一名出色的诗人。”[10]

总之，不论是“移动”“地方”还是“搜索”，这里想要阐明的观点是，媒体在创造内容的同时，要投入极大的注意力关注科技。

像1500年代的印刷技术一样，网络科技已经成为这个时代不可或缺的工具。你不可能创造这种工具，实际上也并不需要创造这种工具，但是你必须掌握它，必须在它的快速更迭中保持步伐紧紧跟随。

更为多重的商业模式混合

经过百年的发展，今天的媒体形成了依赖广告与发行的双重商业模式。未来的媒体也许依然会倚重于“内容收费+在线广告”的双轨道盈利。但是更为多重商业模式的交织也许将是未来媒体商业版图中的现实图景。

第一种方式是向整合商收费。

如前所述，全世界范围内的传统媒体已经广泛展开针对谷歌等整合商收费的行动。我个人认为，针对整合商的收费并不违背网络的开放本质，只是为了对版权的必要保护。

在这一点上，可以重温上章中提到的发生在IT业的往事。

1976年，比尔·盖茨注意到，有业余爱好者在免费分享他和同学编写的Altair BASIC代码。盖茨写公开信给软件开发电脑俱乐部成员，要求他们停止这种行为。他表示：“你们的行为将阻碍优秀软件的开发，谁能不计回报地开发专业化的软件呢？”[11]

这个小插曲说明，即便连网络技术本身也无法容忍对版权的共享，认为这种共享必将阻碍技术的进步。

或者我们也可以这样类比：设想一下谷歌搜索引擎的神秘算法及高度机密的数据中心。谷歌对它们的珍视，某种程度上与传统媒体对自己内容的珍视并无不同。

但是，面向整合商的收费并不可能是一个人的战斗。从世界上其他国家的经验来看，面向整合商的收费不仅仅需要行业的合力，更需要一场行业性的说服运动，以获得政府层面鲜明的支持，才可能真正奏效。

第二种方式是收费墙。

收费墙本质是基于内容收费的商业模式。如前所述，这种方式虽然并不可能成长为支撑传统媒体运营的根本性商业模式，但可以在一定程度上缓解传统媒体的经济困境。

关于收费墙的另一个合理性参照是iTune的小额收费。

和新闻一样，音乐业在网络世界面临着同样的“共享”问题。和文件共享一样，年轻人越来越坚定地认为音乐应该免费。但是，当新的音乐购买方式被引进，人们发现钱开始慢慢流回。

这就是iTune推出的小额收费。这个试验为我们带来的有益启示是：看上去，人们并不介意付了多少钱，而更在意注册并输入自己信用卡号的过程太麻烦。这为传统媒体带来启发：在推行付费墙的过程中，收费至少要向iTune小额付费那么简单。

第三种方式是变革分类广告。

房产、旧货、招聘等旧传播环境下的分类广告，放诸网络世界也可以被视为商业面目的“有用信息”。

从拓深信息传播效用的角度，将其免费发布已经被Craigslist等证实为成功的聚合受众的模式。由于分类广告体现出较强的地域性，国内传统媒体作为传统的分类广告大佬，也许可以考虑在网络世界主动出击，将传统的收费广告代之以基于用户的搜索引擎广告。

这种做法的好处多样。首先，这是一种新型商业模式的尝试；其次，这是聚合读者，间接服务于媒体“公众论坛”的尝试。

第四种方式是引入公众津贴。

和以往相比，新闻从来没有像今天这样成为经济上的一种市场基础性货品。人们在网络上享受免费的内容大餐，就如同免费地享用道路、桥梁、自来水等各项市政设施。但是，后者的投资不仅大量地源于国家公共资金，而且在运营中得到车船税、年票、水费等各种形式的支持。网络同样也是这个时代的新型基础设施，但是人们享用它也不是免费的。电信商埋设光缆，向使用者收取网络月租以及开展其他增值业务。

唯有新闻，正身陷极度不公平的待遇。不论是专业的整合商还是普通的网络用户使用它，却并不付出任何的成本。如前文讨论，这终将带来新闻的危机。

传统媒体为了减少成本，开始不断裁员同时却又加大产量。比如在英国，专业的新闻记者和海外记者被大量裁减。留存下来的新闻从业人员被要求创作更多的作品，对其他新闻的资料进行加工、整合以便更加快速地“填空”。由此产生的是——新闻同质化。[12]

因此，也许我们需要对“基础设施”的概念拓展思路。我们不仅有各种物理形式的基础设施，随着网络虚拟世界的到来，新闻在某种程度上已经成为一种思想领域的基础设施。

作为网络世界的基础性货品或基础设施，新闻服务于社会大众，也便有理由获得公众津贴的扶持。

公众津贴的表现手法多样。可以是公益资金或慈善资金对于媒体运营成本的直接补血，也可以是针对重大新闻、深度新闻的项目性支助；可以是政府的税收减免优惠，也可以是特定的扶助资金，甚至是类似于路桥税这样的特定课税，以提供新闻正常运转的资金动力。

总之，需要明了的是，这种扶持的初衷不是为了维护现存的传统媒体的利益，或者媒体的旧有存在形式，而是确保社会对于新闻的需要获得满足。换言之，假定有一天，所谓的新媒体开始内部裂变，出现以内容供应为主业的崭新媒体形式，那么上述扶持同样应当适用。

第五种方式是运用“众包”对新闻业资金来源进行补血。

如上章中提到的琳赛·霍晓的报道，记者关注的话题赢得了公众的关注，公众愿意主动为采访资金买单。这种新闻报道的资金众包——公众共同承担新闻报道的费用，对我们颇多借鉴。

现实中，很多深度新闻报道由于操作时间长，虽然具有很高的公众价值，但是对于新闻机构的商业利益拉动却并不大，在资金压力下，很多好的选题最终胎死腹中。这种情况下，如果构筑一家公众平台（如网站），将这些公众色彩强烈的选题向公众公开并寻求资金支持，那么不失为一条解决深度新闻报道资金压力的可行之路。

第六种方式是发掘互联网“长尾效应”的盈利可能。

如上所述，网络空间中，不仅仅只有带头大哥们可以聚合人气，星罗棋布的小网站聚合产生的力量也不可小觑。因此，或可以尝试发挥互联网的“长尾效应”，将数量众多的自媒体聚焦在统一的媒体平台，通过广告分成等方式，形成共赢。

未来影像：纸报·网络·移动平报？

随着网络化进程的深入，关于媒体存在形式的探讨不绝于坊间。以报纸为例，“纸报还是电子版”引起广泛争论。从美国报业的新媒体尝试中，我们可以发现，这种存在形式的斗争实际主宰了美国报业新媒体改革的主要思路。

这中间，许多鲜活的例子呈现在我们眼前。

比如1986年奈特·瑞德在新媒体领域尝试的“Viewtron”项目。尽管这个项目在当时已经显露出新媒体的诸多基于“互动”的新特点，但当时的奈特·瑞德坚信，报纸必须是以“印刷版本”为载体。他们无法接受没有“报纸”的报纸，这成为当时“Viewtron”项目被停掉的一个重要原因。

到1990年代，美国报业开始愈见清晰地看到网络的前景，开始着急地在网络上发布内容。这个时候的美国报人认为，电子版是报纸在印刷版以外的另一种“存在”。由此，整个1990年代，美国报业网站在做的最主要的事情是——拷贝母报。

接下来的日子，随着门户网站的兴盛显现出网络的兴旺前景，随着纸报广告、发行的下滑，截然相反的“纸媒消亡论”渐渐出现。比如，2009年4月开始，《基督教科学箴言报》放弃印刷媒体，成为美国首家以网络版替代纸质版的全国性日报；2012年12月31日，美国《新闻周刊》出版最后一期纸质版，成为又一家电子面目的数字期刊……

反思国外传统媒体走过的改革道路，在很大程度上，他们对媒体存在形式的关注远远大于对于传播环境变化的关注；在很大程度上，改革纠结于“纸”与“非纸”的外在表现形式。当这种思想折射到现实世界，具象化的东西开始体现出来：几乎所有媒体网站都处于经营的混沌中。人们并不会按照商业世界的通用法则仔细计算出网络运营作为一个独立部门所增加的成本和收入。这其实是一种相当古怪的东西——你想要在商业世界寻找盈利模式，但却并不遵循商业世界的通用法则。

同样的情况出现在国内。纸报还是电子版不仅是行业中人讨论的热点，也是报业改革的重点，人们同时对于网站经营状况的核算十分模糊。

将视线拉回，未来的媒体或新闻到底可能会以何种形式出现呢?

“物有本末，事有终始，知所先后，则近道矣。”中国先哲的治学之道同样适用于描画媒体的未来影像。在皮相的千般变化之下，你会发现魂灵依旧如一。

不论是纸报还是网络版，抑或构想中的移动平报，某种意义上，这些争论都不是决定新闻未来的核心命题。所有现存以及将要出现的形式都只是承载新闻的物理载体，都只是新闻为了满足人们认知饥渴的具象工具。从这个角度看，只要读者存在，所有这些工具便都有其存在的价值。

或者我们可以更为通俗地类比真实世界的交通工具：自行车的发明没有让人们放弃步行，汽车的发明没有带来纯粹的车轮世界，飞机的发明同样没有终结所有的传统交通方式。

这为我们带来启发：只要可以实现新闻满足人们认知饥渴的核心命题，载体的选择便只是技术性问题，而非方向性抉择。

事实上，以纸报的存在形式为例，因应消费者的不同需求，网络时代的纸质报纸同样可以呈现出多种面孔。

比如，在英国，有报纸根据消费者的不同需要，推出了“一鱼两吃”，并获得认可。成立于1986年的《独立报》是英国的一份高端大报。在俄罗斯富豪列别杰夫接手后，他们启动了“i”报纸计划——新创刊了一份名为《i》的报纸。《i》依存于《独立报》的采编，对后者内容进行简缩处理，大量运用图表，实际就是《独立报》的缩略版。通常的《独立报》

内容有64—96页之多，而《i》只有56页，相应的《i》的售价也只有20便士。但是，这份瞄准通勤人员、学生及老年读者的年轻报纸却寻找到了特定的生存空间，在两年内，它从周一到周五的日销量达到29万份。[13]《独立报》的例子说明，只要需求存在，形式并不拘泥，即便它是一份纸报。

放诸四海，也许我们可以这样推论：有人选择步行，有人选择汽车，有人选择轮船，有人选择飞机……真实世界中的交通方式也许就是未来人们在网络社会中游弋于信息海洋的图景。真实世界中，经济核算左右着人们对交通工具的选择。类推到媒体工具，原理应该同样适用。不论是纸报还是网络，抑或是电子平报，作为独立核算的个体，如果能够带来资金的正向流动，那么便是市场、便是读者选定的工具。

从上述观点延伸，我们也许可以得出如下结论：纸报还是电子版、印刷还是上网，甚至报业、电视、广播是否协同联合，都已不是最关键的问题。Back to basic，这个行业需要真正考量的是，如何重回新闻的历史使命——实现信息传播效用的最大化。在这个使命的照耀下，一切皆有可能。

重塑媒体信心

这是不是一艘将要沉没的大船？

随着网络进入人们生活二十多个年头，这样的问题萦绕在每一个新闻从业者的心头。

20世纪80年代以来，美国的报业一直在为劳动力市场创造岗位。1991年，美国报业雇员达到48.6万的历史最高点。但是在接下来的日子里，随着自动化、削减开支以及报纸数量的减少，报业从业人数迅速下滑。2008年，行业从业人员下滑至32.6万人。同年，美国劳动力统计局的一份资料显示，预计到2018年报业从业者人数将跌到24.5万人。实际上的情况甚至可能更糟。2010年早期的数据显示，美国报业从业人员已经只有25.9万人。[14]

同样的悲观情绪弥漫于中国新闻业。相关的数字无需佐证。

但是，这里，我想要说的是，从历史上看，新闻媒体总是呈现很大的弹性。科技或许改变了新闻的传播方式，但从来没有威胁到新闻行业。

从1960年开始，随着电视成为发达国家最主要的新闻源，报纸的发行量出现下滑。但是，在英国，从1965—2007年，阅读“严肃报纸”的读者增长了27.5%。同时，在这个过程中，印度、中国以及非洲等国家的报纸销量大增。[15]

新闻在网络世界中重新向日常交谈回归，就像400多年前在小酒馆和咖啡馆里产生的原始新闻一样。从这个角度看，新闻的功能并没有因为电子时代的到来而发生根本变化。不论是印刷技术还是网络科技，技术虽然

也许，我们正身处文字的繁荣年代（图50）

千差万别，但是背后的原理却是相通。回顾一下前文描述的西南偏南大会上演的听众反叛，网络已经完美地将口语与文字结合在一起，利用先进的科技实现了新闻的网络“交谈”。

这难道还不能够说明什么吗？这难道还不足以让我们隐约感到——随着网络这种科技工具的助力，崭新的新闻的繁荣年代、文字的繁荣年代就在我们眼前？

所以，不论是千千万万的新闻从业者还是普通的读者受众，请你们相信——新闻业绝不是一艘将要沉没的大船。它行驶于迷雾，正在寻找方向，但它却是网络世界中最不可能沉没的大船。

需要指出的是，对于新闻信念的坚持，已经不仅仅因为它是历史和现实呈现在我们面前的启示，还因为这种信念已经极大程度上成为商业世界影响媒体发展的重要外部因素。

诗人们说，我们生活在想象中。网络经济学家们同样生活在想象的世界。从最早期的网络泡沫到现在，大公司的股价在数周内过山车般的动荡，却并不依据实际的利润营收。原因无他——人们的想象。

埃尔韦·菲舍尔这样总结——E经济（电子经济）（electronic economy, e-economy）更确切地说，应该是I经济（想象经济）（imaginary economy, i-economy）。[16]

索韦格·高德拉克提示人们：网络经济从真实经济中分离，它的基石是信心，因此，网络经济任由谣言捏造和摆布。[17]

越来越多的中外学者开始清楚地意识到，感觉在经济学中扮演了重要的角色，或者说概念或预期在企业股价中扮演的角色，甚至远超真实世界的实际运营情况。

传统媒体在这方面经历过惨痛的教训。活生生的例子如美国报业巨头奈特·瑞德的覆灭。尽管它的盈利水平甚至超过当时不少财富500强公司，但依然遭到投资者无情的抛弃。

奈特·瑞德式的悲壮个案教育我们：网络已经改写商业世界的估价法则，脱离旧有估价模式的新闻业需要为自己在网络世界积极寻找新的标签。

某种程度上，这是一场全行业的形象之战，这同时也是一场比寻找新商业模式更为迫切的信心之战。过去的新闻繁荣年代，媒体的信心源于它在社会中对人们生活无可替代的作用。今天的传统媒体需要重新寻找自己利他的价值，但是，back to basic，你会发现，无论时光怎样流逝，传播技术如何更迭，媒体满足人们认知饥渴的工具属性无可替代。

今日，摆在传统媒体眼前的要务是寻找某种切实的途径，将这种无可替代具象化。在此之前，在这个网络世界，他们要让公众明白，这种无可替代正在历史的转角等待他们，而他们正在进发。

结语

警惕技术怪兽

数字世界极力想要说服我们，他们将按照人们的意愿或本能改造这个世界。可是，历史上，谁曾经预测过1963年的肯尼迪遇刺、1968年的法国革命，1989年的柏林墙倒塌，2001年的“9·11”恐怖袭击?

事实上，在过去40年，只有一样事物发展的比网络更快。那就是——人类的想象。

电脑开始作为消费工具出现在人们生活中是在20世纪80年代。1983年的《时代》周刊，并没有将任何精英人物评选为当年的“年度人物”。那一年，《时代》的“年度”桂冠被授予了电脑。电脑成为当年的“年度机器”。[1]

30多年过去，如今看来，电脑那时也许就已经开始统治人们的生活。

在传统媒体的“守门人”角色坍塌的同时，不论你是否承认，技术正在为你“守门”，或者说，技术正在取代传统媒体的角色，成长为新型的信息“守门人”。

想想你通过搜索引擎搜索到的信息，它基于搜索引擎本身的复杂算法和数学模型，而不是传统意义的头条新闻。

比如谷歌。它号称开发出有史以来最复杂的人工智能系统，在几分之一秒之内，软件可以比较数百万个有关受众和广告主的参数变量。

但是，作为一个受众、消费者，你对搜索引擎的复杂算法和数学模型有多大的了解？它们确定各种参数变量的原则是什么？各种参数变量间的权重是否公平、合理、保持中立？

谷歌全球分布（图51）

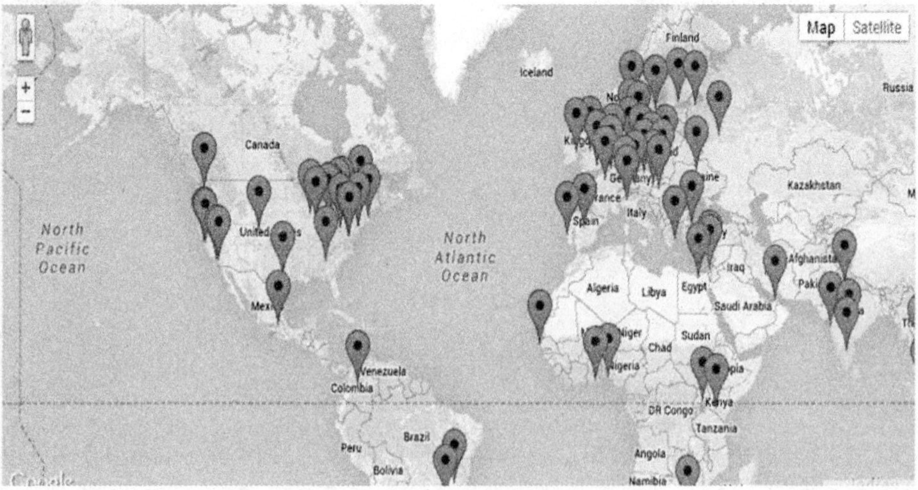

相信这个社会绝大多数的人和我一样，对此一头雾水。摆在眼前的现实是：所谓的“网络中立”“网络自由”实际上强调的只是人们平等进入网络的权利。由于人们多半浏览的是最前面几页的搜索结果，这实际让他们更容易得出同样的结果，而更难听到不同的声音。

在过去百年的发展历史中，新闻业慢慢摸索出自己一整套完备的新闻价值理论，如时新性、重要性、显著性、接近性、趣味性等等。尽管这些理论一直处于完善中，但却对现实世界的新闻实践产生着指导和监督。相形之下，搜索引擎的“守门”理论于受众和社会毫无透明可言，更遑论其公正、合理。

绝对的权力滋生绝对的腐败。

当我们越来越依赖于搜索引擎为我们呈现的“过滤”后的世界，这实际上是非常危险的情形。

不论是谷歌还是百度，鸡蛋正在越来越集中于一只篮子。不论是谷歌还是百度，不应该有一家商业公司拥有如此大的权力。

当广告主越来越倚重搜索引擎的同时，他们发现被绑架的风险也在加大。

比如，广告主发现，他们无法决定自己的广告将显示在何处，而只是被整合商告知“某些网站”。在技术上，点击欺诈也开始出现。很多公司会“拼命”点击竞争对手的广告，以便尽快耗光其预算，甚至有的网站为了增加广告分成派专人点击。

客观上说，以谷歌为代表的搜索引擎，在其发轫期，原本是一项服务于网络的先进工具。但随着这些搜索引擎在寻找商业模式的路上渐行渐远，它们的商业血液开始极度彰显。

“起初，我们不明白计算机科学对广告是多么重要，”谷歌董事长施密特曾经说，“我们没有足够的人力和关注，但我后来设法作了调整。”这位谷歌大佬甚至做过这样的表述：“我曾经有这样的幻想，你是一家大公司的CEO，我走过去对你说，给我100万美金和你们公司的网址，我保证你会获得1亿美元的销售额。哪个CEO会不动心呢？”[2]

这个“钢铁”谷歌还能让你想到什么（图52）

100万：1亿，这的确是一个巨大的诱惑。但是，作为公众，这番表述更让我读到极端商业利益膨胀的恐怖。

我们每一个人都正在行走于网络信息的原始森林，这个森林的庞杂繁复意味着你需要必要的手段、工具为你删繁就简，为你“守门”“过滤”。

谁来承担如此重要的角色？

在我看来，至少不应当完全是由商业性的公司承担这样的角色和重任。

谷歌“十大信条”第六条写道——“赚钱不必作恶”（You can make money without doing evil.）。

谷歌的官方网站这样阐述：“我们绝对不会通过操纵排名将我们的合作伙伴放在搜索结果中排名靠前的位置，也没有任何人可以购买到更高的PageRank。我们的用户信任Google的客观公正性，Google也不会因为任何短期利益而去破坏这种信任。”[3]

但是，怎样约束商业利益的“Evil”本性呢？

这里，我只能看到谷歌对于这种潜在本性的自省以及勇于自我约束的决心，而并看到没有任何制度性的工具和举措。

就像本书第七章中，《伦敦标准晚报》在变身为免费报纸，完全依赖广告收入后出现的新闻标题的广告化一样，谁能够保证以广告为收入支柱的搜索引擎不出现偏重广告主的一幕？

理查德·沃斯特在《谷歌的神秘算法》一文中这样写道[4]：

谷歌掌握着左右网络企业成败的非凡力量。它的神秘算法，决定了哪些网页能够在它的搜索结果中占据显要位置，这使谷歌既能给他它网站带来滚滚流量，也能把它们流放到网上的“西伯利亚”。

专业互联网搜索引擎Technorati的创始人戴夫·西弗里认为自己“受到了惩罚”。与许多靠网络生存的企业一样，Technorati严重依赖通过谷歌转来的流量。但Technorati同时也是谷歌的竞争对手，它创建了自己的博客搜索服务。西弗里表示，Technorati在至关重要的谷歌搜索排序中的位置曾数次大跌，对业务造成直接打击。

另一位硅谷风险投资公司合伙人麦克·科瓦提勒茨同样也认为，很多公司处于谷歌的股掌之中。“我知道有些公司一个月内流量减少了一半。有些公司明白自己坐上了受罚席，他们在想办法脱身，就是不知道怎么办。

…………

读到这里，你还会认为搜索引擎为你“过滤”出来的“网络中立”是绝对的纯净透明吗？你还会认为抛弃媒体而投奔整合商的怀抱是长远的智举吗？

算法不是天外飞来的纯净法则。谷歌工程师对于算法的千百次修改、评判与传统媒体记者、编辑所进行的修改并无二致。只是，前者依据的原理是什么呢？

披着“技术”面纱的算法具有太强的专业性，这不仅导致公众无法对其进行有效的监督，也便隐藏着更大的误导风险。因为——这些算法基于的是一家商业性公司。

“Don’t be evil.”（不作恶）是谷歌非正式的企业口号和座右铭。这个谷歌成立初期就提出来的口号侧面暗示着一家商业公司，至少在理论上，道德血液中隐藏的阴暗可能。

大佬尚如此，他的同行者更不必说。

作为结语，这里，我想要阐明的是：历史从未证明，商业利益能够始终如一地净化自己的道德血液。所以，在市场的丛林法则中，人们呼唤超越商业利益的公众功能。这是百年来新闻屹立的根本。时光荏苒，技术更迭，新闻需要披上“技术”的外衣，在网络世界重燃它“利他”的公众功能。只要新闻“利他”的公众功能不灭，新闻业便不灭。

作为结语，这里，我还想要重温埃尔韦·菲舍尔的话：“数字世界极力想要说服我们，他们将按照人们的意愿或本能改造这个世界。可是，历史上，谁曾经预测过1963年的肯尼迪遇刺、1968年的法国‘革命’，1989年的柏林墙倒塌，2001年的“9·11”恐怖袭击？”[5]

在向web 3.0行进的路上，我们不妨回忆1967年时人们对2000年代的预测：人体医学冬眠、月球殖民、海底居住、机器人普及、个人飞行平台、人造月亮、对太空的军事及技术控制……

如今看来，这些预测那样荒诞可笑。事实上，如圣日尔曼提醒我们的那样：在过去40年，只有一样事物发展的比网络更快。那就是——人类的想象。[6]

所以，我们必须紧紧跟随技术的发展，但，思想永远是技术的主人。

引文出处

第一章

1．张黎姣．传统媒体被变革与守旧撕扯[N]．中国青年报，2014-01-07.

2. 同1，引自《中国周刊》总编辑朱学东的话。

3. Keith L. Herndon, the Decline of the Daily Newspaper: how an American institution lost the online revolution, 2.

4. Albert J. Gillen, Letter from the President: The Waiting Is Over; Touch the Future. 2.

5. Bill Kovach, Tom Rosenstiel. The Elements of Journalism. 2-6.

6. Committee of Concerned Journalists(CCJ) and the Pew Research Center for the People and the Press, "Striking the Balance: Audience Interests, Business Pressure and Journalists' Values," March 1999,79

7. Clay Shirky. Newspapers: Thinking the unthinkable. http://www.shirky.com/weblog/2009/03/newspapers-and-thinking-the-unthinkable/.

8. 同7.

9. 同7.

10. McLuhan, 引自Brooke的"Cybercommunities and McLuhan," 23.

11. 斯塔夫里阿诺斯．全球通史[M]．董书慧，王昶，徐正源，译.

北京：大学出版社，2005：369.

12. Elizabeth Elsenstein, the Printing Press as an Agent of Change: Communicatons and Cultural Transformations in Early-modern Europe, I

13. Anatole Kaletsky, Capitalism 4.0: The Birth of a New Economy in the Aftermath of Crisis.

第二章

1. Clay Shirky. Newspapers: Thinking the unthinkable. http://www.shirky.com/weblog/2009/03/newspapers-and-thinking-the-unthinkable/.

2. 刘勇，新时期中国报纸新闻文体发展脉络剖析——基于历时性维度的考察[J]. 新闻大学，2010（2）.

3. 殷定生，黄洪涛. 报业无业竞争将导致内耗——对当前报纸“扩版热”的逆向思考[J]. 新闻记者，1998（10）.

4. Bruce A. Williams & Michael X. Delli Carpiniy. Unchained reaction: The collapse of media gatekeeping and the Clinton Lewinsky scandal, Annenberg School for Communication Departmental Papers (ASC). 2000: 66.

5. Underwood Doug. Reinventing the Media: The newspapers' Identity Crisis. 24-25.

6. 同4，78.

7. Bill Kovach, Tom Rosenstiel. The Elements of Journalism. 19.

8. 王伦. INTERNET与白宫性绯闻. 1998.

9. 同4，63

10. Nikolaos Zahariadis. Industrial Subsidies: Surveying Macroeconomic Policy Approaches[M]//Paul Murschetz (edt). State Aid for Newspapers: Theories, Cases, Actions. 378.

11. 雷颐. 拯救美国的“扒粪运动”[J]. 炎黄春秋，2002（4）.

12. 同4，70.

13. 同4，67.

14. 同4，67.

15. 姜北树. 微博上的革命. 2013. http://blog.ifeng.com/article/29851392.html.

16. 同4，66.

17. Social media in the 16th Century: How Luther went viral[J]. Economist, 2011–12–17. http://www.economist.com/node/21541719.

18. 谢小红. 微博直播高铁脱轨：一场特大事故的“立此存照”[J]. 博客天下，2011（15）.

19. 张春贵. 新媒体能否促成中国的“进步运动”[R]//当代中国政治研究报告. 10.

20. 同4，79.

21. Jon Katz. Online or Not, Newspapers Suck[OL]. http://archive.wired.com/wired/archive/2.09/news.suck.html.

第三章

1. Keith L. Herndon,The Decline of the Daily Newspaper: How an American Institution Lost the Online Revolution. 161.

2. Web 3.0时代：网络对你无所不知. 2011–03–01. china.com.cn.

3. John Jones. Social Media and Persuasion: Crowdsourcing Arguments on Digital Networks.

4. 同3.

5. Gallaga. O.L. Sarah Lacy speaks. http://www.youtube.com/watch?v=ccLJnICdJGI.

6. 同3.

7. Kee Hinckley. Anatomy of a Mob: the Lacy/Zuckerberg Interview[OL]. http://archive.today/BA0hC.

8. 同6.

9. 同6.

10. 同7.

11. 同6.

12. Schlukbier. Internet: Newspapers'Best Strategy?.

13. Barry Hollander. Talk Radio, Videotext and the Information Superhighway. 60.

14. Chris Lapham. The Evolution of the Newspaper of the Future[OL]. http://www.december.com/cmc/mag/1995/jul/lapham.html.

15. John Pavlik. The Impact of Technology on Journalism. 235.

16. Eric Schmidt. Television and the Internet: Shared Opportunities. http://www.theguardian.com/media/interactive/2011/aug/26/eric-schmidt-mactaggart-lecture-full-text.

17. Netflix是如何用大数据捧火《纸牌屋》的. http://www.36kr.com/p/201569.html.

18. Claire Cain Miller. the Plus in Google Puls? It's Mostly for Google. the New Yorks Times, 2014-02-14.

http://www.nytimes.com/2014/02/15/technology/the-plus-in-google-plus-its-mostly-for-google.html?_r=0.

19. 牛文文. 为一个读者不在的传统媒体奋斗是无意义的[OL]. http://www.zuojing.com/201401/4188.shtml.

20. 郭志明. 悠易互通：进入互联网广告的精准营销3.0时代[OL]. http://www.thethirdmedia.com/Article/201202/show291473c77p1.html.

21. Clay Shirky. Web 3.0. http://vimeo.com/11529540.

22. Herv é Fisher，Digital Shock. Confronting the New Reality[M]. translated by Rhonda Mullins. 36-37.

23. David Weinberger. Web 3.0. http://vimeo.com/11529540.

24. Kate Ray. Web 3.0. http://vimeo.com/11529540.

25. 同16.

26. Bruce A. Williams，Michael X. Delli Carpiniy. Unchained reaction: The collapse of media gatekeeping and the Clinton Lewinsky scandal. Annenberg School for Communication Departmental Papers (ASC)，2000. 66–67.

27. 同26.

28. 同18.

第四章

1. What really happened to the news business[OL]. http://www.niemanlab.org/riptide/chapter–1–the–teletext–videotext–era/.

2. Sandy Kyrish. Lessons from a "Predictive History" 11.

3. Deb Ghosh. Videotex Systems. 21. http://dl.acm.org/citation.cfm?id=146551.

4. Larry Pryor. The Videotex Debacle. 41.

5. Dennis Wright. Electronic Publishing: How to Use It and Why. 25.

6. 同1.

7. Keith L. Herndon, The Decline of the Daily Newspaper: How an American Institution Lost the Online Revolution. 24–26.

8. Howard Finberg. “Viewtron Remembered Roundtable[OL]. http://www.poynter.org/uncategorized/17740/viewtron–remembered–roundtable/.

9. 同7, 181.

10. Main online usuage in May–June 2004 by PEW/Internet, Web Advertising, Anja Janoschka 2004.

11. 同8.

12. 同7，57.

13. 同5.

14. Back to the future: The tablet computer that looks just like an iPad... but is 17 YEARS OLD[OL]. http://www.dailymail.co.uk/sciencetech/article-1381528/Knight-Ridder-tablet-looks-just-like-iPad-17-YEARS-OLD.html.

15. 陈剑文. 美国报业发展管窥[J]. 新闻前哨，2004（10）. http://www.cnhubei.com/200411/ca605430.htm.

16. 刘贤方，谁摧毁了美国在线的价值？过度扩张or互联网崛起[OL]. http://finance.ce.cn/rolling/200609/12/t20060912_8517817_1.shtml.

17. 丁一. 美国报界在因特网上的经营方式及其发展趋势[M]. 新闻与传播研究，1997.

18. Potter. A Guide to Online Avenues.

19. Prestime. Print Still Prime 34.

20. Philip Moeller The High-Tech Trib[OL]. http://ajrarchive.org/article.asp?id=1465.

21. Presstime. Panel's Advice: Get in Gear; Content, Identity Drive Development[OL].

22. David Carlson, "Online Timeline[OL]. http://iml.jou.ufl.edu/carlson/1990s.shtml.

23. Gary Wolfe. The (Second Phase of the) Revolution Has Begun[OL]. http://archive.wired.com/wired/archive/2.10/mosaic.html.

24. Lee Rainie and Peter Bell. The Numbers That Count. 44.

25. Presstime. Putting It Together: The Las Vegas Trade Show Proved a Technological Oasis of Shard Ideas, Strategies and Solutions. 31.

26. David Shedden. New Media Timeline (1995).

27. Knight-Ridder Inc. Knight-Ridder Closes Information Design Laboratory.

28. Sylvia M. Chan−Olmsted. Mergers, Acquisitions, and Convergence; The Strategic Alliances of Broadcasting, Cable Television, and Telephone Services. 41.

29. Atlanta Journal−Constitution. New Cox Unit to Focus on the Internet.

30. New York Times Co. . Newspaper Establishes Internet Presence.

31. David Shaw: Newspapers Take Different Paths to Online Publishing[N]. Los Angeles Times, 1997−06−17.

32. Aikat, DD. News on the Web: Usage Trends of an On−Line Newspaper. 100.

33. 同31.

34. Chyi H. I. , Sylvie G. Competing with Whom? Where? And How? A Structural Analysis of the Electronic Newspaper Market[M]. 5.

35. Donald K.Wright, Michelle D. Hinson. The Magic Communication Machine: Examining the Internets Impact on Public Relations, Journalism, and the Public. 21. http://www.instituteforpr.org/wp−content/uploads/Wright_Hinson_PR_Miami.pdf.

36. Bill Goldstein. A Few Veterans Look Back: Considering the Early years of Internet Journalism[OL]. http://partners.nytimes.com/library/tech/reference/roundtable.html.

37. 同17.

38. Toner. Cometing for Cyberturf.

39. Pablo J. Boczkowski[M]//Digitizing the News. 67.

40. 同16.

41. Scott W. Fitzgerald, Corporations and Cultural Industries: Time Warner, Bertelsmann, and News.... 8.

42. Neil Hickey. Coping with Mega−Mergers[J]. Columbia Journalism Review, 2000−03/04:20.

http://www.asc.upenn.edu/courses/comm334/Docs/megamergers.pdf.

43. Joseph R. Dominick. The Dynamics of Mass Communication. 21.

44. Mike Wendland. Convergence: Repurposing Journalism[OL]. http://www.poynter.org/uncategorized/4926/convergence-repurposing-journalism/.

45. 同44.

46. R. duPlessis and X. Li. Cross-Media Partnership and Its Effect on Technological Convergence of Online News Content: A Content Analysis of 100 Internet Newspapers. 166.

47. Mark Glaser. Annals of Integration: New York Times and Times Digital[OL]. http://www.mediapost.com/publications/article/35985/annals-of-integration-new-york-times-and-times-di.html.

48. Ketterer, et al. Case Study Shows Limited Benefits of Convergence. 53.

49. 辜晓进. 走进美国大报[M]. 南方日报出版社，119.

50. Dotinga Randy. An Urge to Converge. 8-9.

51. Bernd Wirtz. Convergence Processes, Value Constellations and Integration Strategies. 13-16.

52. Forrest Carr. The Tampa Model of Convergence[OL]. http://www.poynter.org/uncategorized/3392/the-tampa-model-of-convergence/.

53. Carl Sullivan. Cox Shifts Web Strategy to Local Control[OL]. http://www.editorandpublisher.com/PrintArticle/Cox-Shifts-Web-Strategy-To-Local-Control.

54. Jeamin Jung. The Bigger, the Better? Measuring the Financial Health of Media Firms[OL]. http://www.mediajournal.org/ojs/index.php/jmm/article/view/270.

55. Aldo Svaldi. Online Outlets Link Newspapers , Profits[OL]. http://www.highbeam.com/doc/1G1-119695266.html.

56. Nerone and Barnhurst. Beyond Modernism: Digital Design, Americanization and the Future of Newspaper Form. 477.

57. Gipson. Playing the Online Game to Win. 27.

58. 同7，182.

59. 同57，28.

60. 同57，28.

61. 葛雅莉. 传统媒体进军互联网市场 大举收购互联网站

62. Sam Lehman-Wilzig, Nava Cohen-Avigdor. The Natural Life Cycle of New Media Evolution. 718. http://people.ucalgary.ca/~jparker/art311/L01/02-NaturalLifeCycle.pdf.

63. David Olive. Rumours of newspapers' demise . . [OL]. http://www.thestar.com/news/2007/04/08/rumours_of_newspapers_demise_.html.

64. Katharine Q. Seelye. Wht-Ifs of a Media Eclipse[OL]. http://www.nytimes.com/2006/08/27/business/yourmoney/27knight.html?pagewanted=all.

65. 范东升. 新媒体冲击美欧传统报业风雨飘摇[J/OL]. 法制周末. http://www.legaldaily.com.cn/zmbm/content/2010-11/04/content_2336662.htm?node=7578.

第五章

1. Peter H. Lewis. The Media Business:Big Newspaper to Help Locals on Internet[OL]. http://www.nytimes.com/1995/04/20/business/the-media-business-big-newspapers-to-help-locals-on-internet.html.

2. Lee Rainie & Peter Bell. The Numbers That Count. 44.

3. 同1.

4. Keith L. Herndon. The Decline of the Daily Newspaper: How an American Institution Lost the Online Revolution. 142-143.

5. Presstime. Interactivity: On-lines Edge. 50.

6. David Shaw: Newspapers Take Different Paths to Online Publishing[N]. Los Angeles Times, 1997-06-17.

7. Presstime. Six Papers Blaze CareerPath. 15.

8. Jeff Pelline. Print to Try Packaging with NewsWorks[OL]. http://news.cnet.com/Print-to-try-packaging-with-NewsWorks/2100-1023_3-200427.html.

9. Iver Peterson. New Service Skims 150 Newspapers for Its Users[OL]. http://www.nytimes.com/1997/06/30/business/new-service-skims-150-newspapers-for-its-users.html.

10. Stephanie Miles. News Megasite Cuts Content, Staff[OL]. http://news.cnet.com/News-megasite-cuts-content,-staff/2100-1001_3-208500.html.

11. Steve Outing. New Century Network Closes[OL]. http://www.marketwatch.com/story/new-century-network-closes.

12. “南京宣言”昭示报业发展方向[OL]. http://news.sjtu.edu.cn/info/1005/100284.htm.

13. 李惊雷. 报业‘内容联盟’本质探析[J/OL]. 新闻战线，2006（9）.

14. Jeanne Dugan. New-Media Meltdown at New Century[OL]. http://www.businessweek.com/1998/12/b3570103.htm.

15. 同14.

16. 同14.

17. Mike Wendland. Convergence: Repurposing Journalism[OL]. http://www.poynter.org/uncategorized/4926/convergence-repurposing-journalism/.

18. 蔡雯，郭翠玲. 美国坦帕新闻中心媒介融合的策略与方法[J/OL]. 中国记者，2007-09. http://media.people.com.cn/GB/40628/6233234.html

19. Tompkins Al, Colon Aly. Tampa’s Media Trio. 45.

20. 同19，53.

21. Gil Thelen. Tampa’s Convergence Lessons[OL]. http://ifra-newsplex.blogspot.com/2007/10/lessons-of-tampa.html.

22. 喻国明，戴元初. 媒介融合情境下的竞争之道[J]. 新闻与写作，

2008（3）.

23. Media General 'convergence' shows mixed results. Gulf Coast Business Review.

24. Mark Glaser. Annals of IntegrationL New York Times and Times Digital[OL]. http://www.mediapost.com/publications/article/35985/annals-of-integration-new-york-times-and-times-di.html.

第六章

1. Michael Liedtke. Knight-Ridder's Demise Reflects Sobering Times for U.S. Newspapers[OL]. http://www.highbeam.com/doc/1P1-125713972.html.

2. David A. Vise. Shareholder Pressure Leads Knight Ridder to Announce Sale[OL]. 2005-11-15. http://www.washingtonpost.com/wp-dyn/content/article/2005/11/14/AR2005111401363.html.

3. New York Times to lay off 500[OL]. http://www.marketwatch.com/story/new-york-times-co-to-cut-500-jobs-or-4-of-staff.

4. Katharine Q. sllelye. What-Ifs of a Media Eclipse[N/OL]. New York Times, 2006-08-27. http://www.nytimes.com/2006/08/27/business/yourmoney/27knight.htm.

5. 同4.

6. 同4.

7. Rachel Smolkin. Adapt or Die. 18. http://ajrarchive.org/article.asp?id=4111.

8. State of the Media Report[R]. 2004.

9. House of Lords. 2008: 46.

10. Picard R. G. and van Weezel A.(2008), Capital and control: Consequences of different forms of newspaper ownership. International Journal

on Media Management, 10, 22–31.

11. Keith L. Herndon. The Decline of the Daily Newspaper: How an American Institution Lost the Online Revolution. 202.

12. Robert G. Picard. Capital Crisis in the Profitable Newspaper Industry[OL]. http://niemanreports.org/articles/capital–crisis–in–the–profitable–newspaper–industry/.

13. Michael Liedtke. Web Growth, Innovation Threatens Papers[OL]. http://www.highbeam.com/doc/1P1–107483324.html.

14. Alex Belth. From Ali to Xena, Part Two: Ink–Stained Wretch[OL]. 2011–12–28. http://www.bronxbanterblog.com/2011/12/28/from–ali–to–xena–part–two–ink–stained–wrech/.

15. Paul McLeary. McClatchy CEO Gary Pruitt Speaks About the Knight Ridder Acquisition[OL]. http://www.cjr.org/behind_the_news/mcclatchy_ceo_gary_pruitt_spea.php.

16. 唐扶. 麦克拉奇报系：美国报业希望的象征.

17. 美国第三大报业集团裁员15%[OL]. 新华网.

18. Katharine Q. Seelye. What–Ifs of a Media Eclipse[OL]. par. 40, http://www.nytimes.com/2006/08/27/business/yourmoney/27knight.html?pagewanted=all.

19. Presstime. The Content Kings' Conundrum. 27.

20. 同11，138.

21. Nick Bontis & Jason Mill. Dot–Bomb Post–Mortem: Web–based metrics and internet stock prices (2004)[OL]. http://citeseerx.ist.psu.edu/viewdoc/summary?doi=10.1.1.216.9290.

22. Cunningham. Rush to the Web–and Away from It: New Media Were All So Exciting and Breathtaking. And Then Came the Crash. 120.

23. Dan Fost. Rumors of Web's Demise Greatly Exaggerated: Old Media's Retreat from Internet Spending Doesn't Signify Surrender[OL]. 2001–01–11.

http://www.sfgate.com/business/article/Rumors-of-Web-s-Demise-Greatly-Exaggerated-Old-2966023.php.

24. 同11，221.

25. Suzanne M. Kirchhoff. The U.S. Newspaper Industry in Transition[OL]. 7.http://fas.org/sgp/crs/misc/R40700.pdf.

26. Patterson. Buffett Sees'Unending Losses'for Many Newspapers[OL]. http://blogs.wsj.com/marketbeat/2009/05/02/buffett-sees-unending-losses-for-many-newspapers/.

第七章

1. James Curran. Media and Power.

2. 宝洁的网络广告投入[OL]. http://www.docin.com/p-281051629.html.

3. Newspaper Association of America. Trends and Numbers: Advertising Expenditures.

4. U.S. Census Bureau. Statistical Abstract of the United States. 2008, 704.

5. Newspaper Association of America, "Trends and Numbers: Circulation"

6. U.S.Census Bureau, Statistical Abstract of the United States: 2011, 714.

7. Laakaniemi. Ray. The Computer Connection:America's First Computer-Delivered Newspaper. 62. http://connection.ebscohost.com/c/articles/18047065/computer-connection-americas-first-computer-delivered-newspaper.

8. 同7，63.

9. 同7.

10. David Shedden. New Media Timeline(1980).

11. Genovese. Electronics Boom a Gamble or Sure Bet?. 5.

12. David Shedden. New Media Timeline(1983).

13. Cole, David M. Planner: The Virtual Library; Yesterday's Paper Will Provide Tomorrow's Revenue through Digital Access. 47-48.

14. Sam Hinton. Portal Sites: Emerging Structures for Internet Control. 17.

15. 同14.

16. Keith L. Herndon. The Decline of the Daily Newspaper: How an American Institution Lost the Online Revolution. 161.

17. Robin Mansell. New Media Competition and Access: the Scarcity-Abundance Dialectic[M].167-168.

18. 记者观察：美国报纸寄望网络版"收费午餐"[N/OL]. 2009-05-29. 新华网.

19. Walter Isaacson. How to Save Your Newspaper[OL]. 2009-02-05. http://time.com/3270666/how-to-save-your-newspaper/.

20. 同19.

21. The State of the News Media, 2013.

22. Abe Aamidor, Jim A. Kuypers, Susan Wiesinger. Media Smackdown: Deconstructing the News and the Future of Journalism. 1.

23. Google Settles Dispute with French Newspapers. Wall Street Journal. 2013-02-01.

24. "Taxing times", The Economist, 10 Nov. 2012.

25. Eric Schmidt. Television and the Internet: shared opportunities. http://www.theguardian.com/media/interactive/2011/aug/26/eric-schmidt-mactaggart-lecture-full-text.

26. 同24.

27. Michael Williams. Quality Journalism in the UK, in Print and Online. 104.

28. 同22，102.

29. The Economist. Another Brick in the Wall. par. 5.

30. Gannett executives[OL]. 2012. http://www.prnewswire.com/news-releases/gannett-executives-present-to-media-and-entertainment-analysts-of-new-york-159901015.html.

31. Reinventing the newspaper: New business models are proliferating as news organisations search for novel sources of revenue[J/OL]. The Economis, 2011-07-07. http://www.economist.com/node/18904178.

32. How online paywalls are changing[ol]. 2012. http://www.npr.org/2012/01/30/146093302/how-online-paywalls-changing-journalism.

33. Another Brick in the Wall[J/OL]. The Economist, http://www.economist.com/node/15824044.

34. Association Press. Analyst: Digital Fees Not Enough to Help NY Times.

35. 同22，105.

36. 同22，105.

37. Chris Blackhurst. Finding Viable Business Models for Developed World Print and Online Newspaper Sectors. 59.

38. 许向东，常红梅. 美国报业解困之策及其对中国的启示[J]. 国际新闻界，2007（3）.

39. 同37，60.

40. 同22，100.

41. 同37，60.

42. 同37，61.

43. De Bens E. The European newspaper market: Challenges and opportunities.

44. US Online Advertising Spending to Surpass Print in 2012[J]. eMarketer Digital Intelligence, 2012-01-19. http://www.emarketer.com/Articles/Print.aspx?R=1008788.

45. Mabel Zhang. Online Newspapers Readership increases[OL]. http://www.imediaconnection.com/news/7292.asp.

46. Rachel Smolkin. Adapt or Die. 18. http://ajrarchive.org/article.asp?id=4111.

47. Newspaper Association of America.

48. Newspaper Association of America. Trends and Numbers: Advertising Expenditures.

49. Andrew Currah.. What's happening to our news: An investigation into the likely impact of the digital revolution on the economics of news publishing in the UK[R/OL]. University of Oxford: Reuters Institute for the Study of Journalism. https://reutersinstitute.politics.ox.ac.uk/publication/whats-happening-our-news.

50. Fletcher K, Peters L. Trust and direct marketing environments: A consumer perspective. Journal of Marketing Management, 13, 523-39.

51. Angela Phillips and Tamara Witschge. The Changing Business of News: Sustainability of news journalism. 1.

52. 同51.

53. The Wizard of Ads: Turning words into Magic and Dreamers into Millionaires. 120.

54. Tracy L. Tuten. Advertising 2.0: Social Media Marketing in a web 2.0 World. 3.

55. 同54，48.

56. Eric Picard, Hyperlinking and Advertising Strategy. The Hyperlinked Society: Questioning Connections in the Digital Age, edited by Joseph Turrow and Lokman Tusi.

57. 同54.

58. Pew Internet, American Life Project. Tracking Study[R]. Pew Research Center. 2006-12.

59. 同54，77.

60. Steven Amstrong, Advertising on the Internet.

61. Lambourne H. (2010, 29 September), Four−a−year limit planned under council paper curb, HoldtheFrontPages.

62. David R. Croteau, William Hoynes, The business of media: Corporate media and the public interest(2nd edn).

63. Robert G. Picard. Money, media and the public interest, in G.Overholser and K. Hall Jamieson (eds). The Press,337−350. http://www.academia.edu/802412/Money_media_and_the_public_interest.

64. David Folkenflik. Recording show Tribune owner Zell's fiery side, National Public Radio[OL]. http://www.npr.org/templates/story/story.php?storyId=89446846.

65. Robert G. Picard. The challenges of public functions and commercialized media[M]//D. A. Graber, D. McQuail, P. Norris (eds). The politics of news, the news of politics 210−230.

66. Digital Britain, 2009:149

67. 同51，5.

68. Robert G. Picard. State Support for News: Why Subsidies? Why Now? What Kinds?[M]//Paul Murschetz (edt). State Aid for Newspapers: Theories, Cases, Actions.. 67−68.

69. 同51，5.

70. 同68，68.

71. 邓建国. 美国网络新闻商业模式创新的三个新动向[OL]. http://media.people.com.cn/GB/192301/192359/192372/11788644.html.

72. Eric Schmidt and Jared Cohen. The New Digital Age: Reshaping the Future of People[J]. Nations and Business,51−53.

73. 同51，17.

74. Robert G. Picard. State Support for News: Why Subsidies? Why Now?

What Kinds?[M]//Paul Murschetz (edt), State Aid for Newspapers: Theories, Cases, Actions, 52.

75. Oliver L. Time running out for OhmyNew's member's club, journalism.co.uk.

76. 同51，15.

77. Pew Project for Excellence in Journalism(2010),News media, old media: How blogs and social media agendas relate and differ from traditional press.

http://pewresearch.org/pubs/1602/new-media-review-differences-from-traditional-press.

78. Bragelina（布拉吉丽娜）是因为好莱坞巨星Brad Pitt（布拉德·皮特）和Angelina Jolie（安吉丽娜·朱莉）的恋爱而产生的合成词。按照百度百科，这个词成为是2005年世界第二红的新词条。

79. 张研农：姚晨让人民日报有强烈的危机感"[OL]. http://media.sohu.com/20120427/n341810946.shtml.

80. Oliver L. Demotix partners with Publish2 for new photo-sharing network, journalism.co.uk.

81. 同51，16.

82. Pew Project for Excellence in Journalism(2010), News media, old media: How blogs and social media agendas relate and differ from traditional press. http://pewresearch.org/pubs/1602/new-media-review-differences-from-traditional-press.

83. Pew Project for Excellence in Journalism（2010），How news happens: A study of the news ecosystem of one American city. www.journalism.org/analysis_reprot/how_news_happens

84. Beckett C. SuperMedia: Saving journalism so it can save the world, 53.

85. 同51，9.

86. Chris Blackhurst. Finding Viable Business Models for Developed World Print and Online Newspaper Sectors[M]. 56—57.

87. 同84，81.

88. 同51，14.

第八章

1. Bill Kovach & Tom Rosenstiel. The Elements of Journalism[M]. 15—16.

2. 同上.

3. Chris Blackhurst. Finding Viable Business Models for Developed World Print and Online Newspaper Sectors[M]. 56—5.

4. 巴菲特：我们为什么收购报纸[OL]. http://news.xinhuanet.com/2013-03/04/c_124411832.htm.

5. Mick Winter. I have seen the future, and it rings[M]//Tara Brabazon (eds). Digital Dialogues and Community 2.0.

6. Chris anderson, Michael Wolef. the Web is Dead. Long Live the Internet[OL]. Wired.http://www.wired.com/2010/08/ff_webrip/.

7. Mick Winter. I have seen the future, and it rings[M]//Tara Brabazon (eds). Digital Dialogues and Community 2.0. 72.

8. eMarketer. Mobile Passes Print in Time-Spent Among U.S. Adults, par. 6.

9. Eric Schmidt. Television and the Internet: shared opportunities. http://www.theguardian.com/media/interactive/2011/aug/26/eric-schmidt-mactaggart-lecture-full-text.

10. 同9.

11. Walter Isaacson. How to Save Your Newspaper[OL]. 2009-02-05. http://time.com/3270666/how-to-save-your-newspaper/.

12. Angela Phillips, Tamara Witschge. The Changing Business of News:

Sustainability of news journalism, 13.

13. Chris Blackhurst. Finding Viable Business Models for Developed World Print and Online Newspaper Sectors[M]. 60—64.

14. U.S. Bureau of Labor of Statistics. Occupational Employment Statistics.

15. Franklin B. Introduction newspapers: Trends and development[M]//B. Franklin (ed.). Pulling newspapers apart: Analysing print journalism. 1−35.

16. Herv é Fisher. Confronting the New Reality. Digital Shock,translated by Rhonda Mullins.41−42.

17. Solveig Godeluck, 引自 “End of the beginning for the Internet”, by Derrick de Kerdhove, trans. Ed Emery, Le Monde diplomatique, 2001−08.

结语

1. Roger Rosenblatt. Machine of the Year: A New World Dawns[OL]. http://content.time.com/time/magazine/article/0,9171,953631,00.html

2，Google广告发迹史揭秘[R/OL]. http://www.enet.com.cn/enews/.

3. http://www.google.com.hk/about/company/philosophy/.

4. http://www.ftchinese.com/story/001033624.

5. Herv é Fisher. Confronting the New Reality. Digital Shock,translated by Rhonda Mullins.41−42.

6. 同5.

图片来源

图1：李青制图.

图2：http://www.artezia.net/litterature/histoire_livre/histoire_livre.htm

图3：同上.

图4：http://commons.wikimedia.org/wiki/File:Aldus_Manutius.png

图5：李青制图.

图6：资料图片.

图7：资料图片.

图8：资料图片.

图9： http://sxsw.com/press

图10：Rich Merritt摄，http://www.fastcompany.com/3026402/oral-history-sex-drugs-apps-and-sxswi#chapter-20072010

图11：李青摄.

图12：http://todaymade.com/blog/google-plus-seo/

图13：李青制图.

图14：Alex Serpo 摄，http://www.zdnet.com/photos-sydneysiders-protest-internet-filtering-1339293796/

图15：http://iml.jou.ufl.edu/carlson/history/viewtron.htm

图16：同图9.

图17：Grant Hindsley/The Washington Post

图18：http://en.wikipedia.org/wiki/Mosaic_（web_browser）

图19：资料图片http://www.poynter.org/latest-news/mediawire/272537/today-in-media-history-preparing-for-the-future-of-advertising-and-online-news-in-1995/

图20：http://www.investopedia.com/slide-show/biggest-acquisition-failures/

图21：http://tonimoore1.wordpress.com/2010/11/13/

图22：李青制图.

图23：http://s.allacronyms.com/banners/296763_1.jpg

图24：同图21.

图25：Allyn Divito摄，http://niemanreports.org/articles/wanted-a-21st-century-journalist/

图26：同图25.

图27：http://en.wikipedia.org/wiki/Knight_Ridder

图28：资料图片.

图29：资料图片.

图30：http://www.gsbrown.org/compuserve/the-newest-compuserve-1996-07/

图31：资料图片.

图32：李青摄.

图33：谷歌官网.

图34：李青制图.

图35：资料图片.

图36：http://www.pressgazette.co.uk/evening-standard-climbs-everest-against-all-odds

图37：李青摄.

图38：李青制图.

图39：李青制图.

图40：资料图片.

图41：李青制图.

图42：李青摄.

图43：资料图片.

图44：李青摄.

图45：谷歌官网.

图46：李青制图.

图47：李青摄.

图48：http://www.itopnews.de/2011/04/visionar-ipad-schon-1994-vorgefuhrt-video/

图49：李青制图.

图50：李青摄.

图51：谷歌官网.

图52：谷歌官网.

参考文献

1. Bill Kovach & Tom Rosenstiel. The Elements of Journalism

2. Eric Schmidt. Television and the Internet: shared opportunities

3. Angela Phillips and Tamara Witschge. The Changing Business of News: Sustainability of news journalism

4. Chris Blackhurst, Finding Viable Business Models for Developed World Print and Online Newspaper Sectors

5. Herv é Fisher, Digital Shock,translated by Rhonda Mullins.

6. Beckett C. SuperMedia: Saving journalism so it can save the world

7. State Aid for Newspapers: Theories, Cases,Paul Murschetz (edt)Theories, Case

8. Eric Schmidt and Jared Cohen. The New Digital Age: Reshaping the Future of People, Nations and Business

9. Tracy L. Tuten Advertising 2.0: Social Media Marketing in a web 2.0 World

10. Michael Williams. Quality Journalism in the UK, in Print and Online

11. Keith L. Herndon. The Decline of the Daily Newspaper: How an American Institution Lost the Online Revolution

12. Abe Aamidor, Jim A. Kuypers, and Susan Wiesinger. Media Smackdown: Deconstructing the News and the Future of Journalism

13. Sam Lehman–Wilzig & Nava Cohen–Avigdor. The Natural Life Cycle of New Media Evolution

14. Bruce A. Williams, Michael X. Delli Carpiniy. Unchained reaction: The collapse of media gatekeeping and the Clinton Lewinsky scandal, Annenberg School for Communication Departmental Papers (ASC), 2000.

15. Kee Hinckley. Anatomy of a Mob: the Lacy/Zuckerberg Interview

16. John Jones. Social Media and Persuasion: Crowdsourcing Arguments on Digital Networks

17. Elizabeth Elsenstein. the Printing Press as an Agent of Change: Communicatons and Cultural Transformations in Early–modern Europe

18. Clay Shirky. Newspapers: Thinking the unthinkable